数字经济助力产业升级发展

杜　文　唐若一　著

中国商务出版社
·北京·

图书在版编目（CIP）数据

数字经济助力产业升级发展／杜文，唐若一著．
北京：中国商务出版社，2025．3．-- ISBN 978-7-5103-
5672-8

Ⅰ．F492.3；F269.24

中国国家版本馆 CIP 数据核字第 2025BW6464 号

数字经济助力产业升级发展

杜　文　唐若一　著

出　　版：中国商务出版社有限公司

地　　址：北京市东城区安定门外大街东后巷 28 号　　邮　　编：100710

网　　址：http://www.cctpress.com

联系电话：010-64515150（发行部）　010-64212247（总编室）
　　　　　010-64243656（事业部）　010-64248236（印制部）

责任编辑：李自满

排　　版：郑州柏步轩图书有限公司

印　　刷：北京九州迅驰传媒文化有限公司

开　　本：787 毫米×1092 毫米　　1/16

印　　张：8　　　　　　　　　　　　字　　数：141 千字

版　　次：2025 年 3 月第 1 版　　　　印　　次：2025 年 3 月第 1 次印刷

书　　号：ISBN 978-7-5103-5672-8

定　　价：68.00 元

前　言

在 21 世纪的浪潮中,数字经济正以前所未有的速度和规模重塑全球经济版图,成为推动产业升级、经济转型和社会进步的关键力量。随着云计算、大数据、人工智能、区块链等新兴技术的蓬勃发展,数字经济不再仅仅是一个抽象概念,而是深度融入了我们的日常生活与工作中,从智能制造到智慧城市,从金融科技到数字医疗,无处不在地推动着生产方式、生活方式和治理方式的深刻变革。这场变革不仅催生了新的经济增长点,也为传统产业转型升级提供了前所未有的机遇和挑战。

本书以数字经济概述为切入点,论述了数字经济与产业创新体系的构建、基于数字经济的产业结构与布局优化、数字经济与传统产业改造升级,并对数字经济与新兴产业培育进行深入探讨。希望通过本书的介绍,能够为读者在数字经济助力产业升级发展方面提供帮助。

本书主要汇集了笔者在工作、实践中取得的一些研究成果。在撰写过程中,笔者参阅了相关文献资料,在此,谨向其作者深表感谢。

由于笔者水平有限,加之时间仓促,书中难免存在一些不足和疏漏,敬请广大读者批评指正。

著　者

2024 年 11 月

目　录

第一章　数字经济概述

第一节　数字经济的概念

一、数字经济的核心要素

（一）数据资产

数据资产不仅是信息的集合，也是一种能够为企业创造价值的战略资源。通过对数据的有效管理和利用，企业可以获取市场洞察、优化运营流程并推动创新。数据资产的核心地位源于其在企业战略决策中的关键作用，尤其是在数字化转型的背景下，数据的获取、分析和应用成为企业竞争力的重要来源。因此，数据资产的管理需要系统化的方法，以确保能够持续为企业带来价值。

数据管理与治理是确保数据资产有效利用和合规性的关键环节。数据质量管理涉及确保数据的准确性和完整性，而数据安全和隐私保护则是防止数据泄露和不当使用的基本策略。企业需要建立全面的数据治理框架，以应对数据管理中的挑战。合规性也是数据治理的重要组成部分，尤其是在全球化的背景下，不同国家和地区对数据隐私和安全的法律法规存在差异。通过有效的数据治理，企业可以在保护数据安全的同时，实现数据商业价值的最大化。

（二）数字人才

在数字经济中，数字经济的发展依赖高素质的数字人才，因为他们不仅掌握最新的技术工具，还具备创新的思维方式。例如，数据分析师通过对海量数据的处理与解读，为企业战略决策提供科学依据，而人工智能工程师则通过设计和优化算法，推动智能系统的开发与应用。这些专业人才在数字经济中扮演着不可或缺的角色，并且是企业实现技术突破与商业模式创新的核心力量。

当前，全球数字经济的迅速发展对人才提出了更高的要求，因此教育者应及时更新课程内容，以涵盖最新的数字技术和应用。企业应通过定制化的培训项目，帮助员工提升数字技能，满足市场对专业人才的需求。此外，终身学习的理念在数字人才的培养中尤为重要,因为持续的学习和技能更新是数字人才保持竞争力的关键。

数字人才在企业转型过程中起着桥梁作用,他们将先进的数字技术引入传统产业,推动业务流程的优化和创新。通过大数据分析、物联网应用等技术手段,数字人才帮助企业实现生产效率的提升和成本的降低。同时,他们的创新思维为企业开拓新市场和新业务模式提供了支持。

(三)数字基础设施

数字基础设施是指支撑数字经济发展的基本设施。它包括互联网、数据中心、云计算平台等核心组成部分。这些设施构成了数字经济的基础,使信息的传播与数据的处理成为可能。互联网作为全球信息的高速公路,连接了世界各地的用户与企业;数据中心负责存储和管理大量的数据,为各类应用提供强大的计算能力;云计算平台通过虚拟化技术,提供灵活的计算资源,支持企业的各类业务需求。在数字经济中,这些基础设施不仅是经济活动的载体,也是创新与发展的重要推动力。

数字基础设施通过高速网络和云服务,极大地促进了数据的流通与共享。高速网络大幅提升了数据的传输速度,这使企业能够实时获取和分析数据,并做出快速决策。云服务提供了一个高效的共享平台,使企业可以在全球范围内共享信息和资源。这种高效的数据流通不仅提升了企业的运营效率,还促进了跨部门、跨区域的协作,推动了业务模式的创新。通过优化数据流通,企业能够更好地响应市场变化,提高竞争力。

在企业数字化转型过程中,完善的数字基础设施为企业提供了稳定的网络环境和强大的计算能力,使企业能够顺利地进行数字化转型。通过利用先进的数字基础设施,企业可以开发新的业务模式,如电子商务平台、智能制造系统等,从而实现业务的创新与升级。此外,数字基础设施还支持企业进行大数据分析和人工智能应用,帮助企业优化生产流程,提高产品质量和客户满意度。因此,数字基础设施的建设和完善是企业实现数字化转型的重要保障。

在数字经济环境中,数字基础设施的安全性与可靠性至关重要。由于基础设施的安全性直接关系到数据的保护和业务的连续性,因此企业需要采取多层次的安全措施,如网络防火墙、数据加密和访问控制等,以防止数据泄露和网络攻击。此外,基础设施的可靠性也需要得到保证,以确保在出现故障时能够快速恢复,避免业务中断。通过加强基础设施的安全性与可靠性,企业可以有效地保护其数据资产,确保业务的稳定运行。

二、数字经济的主要类型

(一) 平台经济

平台经济通过信息技术的支持,打破了传统的中介模式,使供需双方能够直接进行互动和交易。这种模式不仅提高了市场的透明度和效率,还降低了交易成本,从而促进了资源的优化配置。平台经济的核心在于它能够整合分散的资源,通过数字平台的聚合效应,形成一个庞大的生态系统,推动经济的高效运行。

平台经济的兴起促进了新商业模式的形成,如共享经济与按需经济。共享经济通过平台技术实现了资源的共享和再利用,这不仅显著提高了资源的使用效率,还降低了闲置率。按需经济通过平台实现了服务的个性化和即时化,满足了消费者多样化和即时性的需求。这些新模式不仅改变了消费者的行为方式,也对传统企业的运营模式提出了新的挑战,迫使其进行数字化转型,以适应新的市场环境。

平台经济的网络效应是其重要特征之一。网络效应不仅增强了平台的吸引力,还提高了用户的黏性,使平台在竞争中占据优势地位。平台经济通过这种网络效应,能够快速形成规模经济,降低边际成本,进而提升其市场竞争力。

在数据驱动决策中,平台通过收集和分析用户的行为数据,能够精准地识别用户需求,进而提供个性化的服务和产品。这种数据驱动的决策模式不仅提高了平台的运营效率,还增强了用户的忠诚度和满意度。通过数据分析,平台能够不断优化其服务流程,提升用户体验,最终实现商业价值的最大化。

(二) 共享经济

共享经济的核心理念在于通过资源的共享与合作,实现效率提升与成本降低,推动社会资源的最优配置。共享经济的本质在于打破传统的所有权观念,强调使用权的流动性。通过数字平台的支持,资源拥有者与使用者之间的交互变得更加便捷。这种经济模式不仅改变了传统的商业格局,也给消费者和企业带来了新的机遇和挑战。

随着共享经济的普及,消费者的行为和偏好也在发生显著变化。共享经济通过灵活的服务模式和个性化的体验,满足了消费者日益变化的需求。例如,消费者不再仅仅关注产品的拥有,而是更加重视使用过程中的体验和便利性。这种转变不仅体现在对产品和服务的选择上,也影响了消费者的价值观和消费习惯。共享经济的灵活性和多样性使消费者能够根据自身需求进行选择,从而增强其对市场的适应性和敏感度。

共享经济在促进经济与社会的可持续发展方面展现出了巨大的潜力。通过资源的高效利用和环境友好的模式,共享经济有助于减少浪费和降低对自然资源的依赖。在环境保护方面,共享经济通过减少资源的闲置和浪费,降低了碳排放同时减轻了环境负担。此外,共享经济还通过为不同群体提供更多的就业机会和收入来源,增强了社会的稳定性和公平性。

(三)网络经济

在网络经济中,信息流动的速度和广度得到了极大的提升,并且消费者和企业能够实时获取和交换信息。这种即时性和广泛性是网络经济的核心特征之一。此外,网络经济还通过大数据和人工智能等技术手段,进一步优化了资源配置和市场预测能力,为各类经济活动提供了强有力的支持。

在促进商业模式创新方面,网络经济发挥了重要作用。通过互联网平台,企业能够以新型的交易方式与营销策略,推动传统产业的转型升级。网络经济的出现打破了传统商业模式的限制,催生了电子商务、共享经济和社交商务等新兴业态。这些新型商业模式不仅提高了企业的运营效率,还为消费者提供了更多样化的选择。例如,电子商务平台的兴起不仅使企业能够直接面向消费者,减少中间环节,降低成本,同时也为消费者提供了更便捷的购物体验。

网络经济对消费者行为产生了深远的影响。网络购物、社交媒体和在线服务的普及正在改变消费者的购买决策与消费习惯。消费者可以通过互联网轻松比较商品价格、质量和用户评价,从而做出更明智的购买决策。此外,社交媒体的兴起使消费者能够更方便地分享购物体验和产品评价。这种社交互动不仅影响个人的消费选择,也对品牌的市场形象产生重要影响。在线服务的普及使消费者能够享受到更加个性化、便捷化的服务体验。

在全球化背景下,网络经济展现了其独特的优势。通过互联网,企业能够打破地域限制,接触到更广泛的国际市场与客户群体。这种全球化的特性使企业能够在更大的范围内寻找商业机会和合作伙伴。同时,网络经济也为中小企业提供了进入国际市场的机会,降低了进入壁垒,使更多企业能够参与国际竞争。通过利用网络经济的优势,企业能够实现更高效的资源配置和市场拓展。

三、数字经济的发展定律

(一) 梅特卡夫定律

梅特卡夫定律是数字经济中一个重要的理论基础,其基本概念强调网络的价值与用户数量的平方成正比。这一理论揭示了网络中用户数量的增加会成倍地提升其整体价值。具体而言,当网络用户数量增加时,用户之间的互动机会也呈指数级增长,从而极大地提升了网络的实用性和价值。这一特性在数字经济时代尤为重要,因为它为理解平台经济的快速扩张和网络效应提供了理论支持。

在数字经济中,梅特卡夫定律的应用广泛。在平台经济中,增加用户基数是提升平台整体价值和市场竞争力的关键策略。通过吸引更多用户,平台能够创造更强的网络效应,从而提高用户黏性和参与度。这种用户增长策略不仅能够提升平台的市场价值,还能带动相关产业链的协同发展。例如,在社交媒体平台中,用户数量的增加不仅提升了广告价值,还推动了电子商务、内容创作等相关产业的繁荣。因此,理解和应用梅特卡夫定律对数字经济参与者而言至关重要。

梅特卡夫定律对企业战略产生影响深远。企业可以利用网络效应制定有效的市场进入策略和用户增长计划。在制定市场策略时,企业应考虑如何通过创新的商业模式和用户体验来吸引更多用户,以实现价值最大化。网络效应不仅帮助企业获取更多用户,还能形成竞争壁垒,使企业在激烈的市场竞争中占据优势地位。企业通过分析用户行为和市场趋势,制定灵活的增长策略,能够在数字经济中实现可持续发展。

(二) 达维多定律

达维多定律强调,随着网络用户数量的增加,网络的价值和效用会呈现出指数级的增长。这一现象对于数字经济的发展具有深远的影响。网络用户的增加不仅意味着信息的广泛传播,还意味着信息的价值在不断累积。通过网络的连接性和交互性,用户之间的互动产生了新的价值,这种价值是传统经济模式所无法比拟的。达维多定律为理解数字经济的内在驱动力提供了理论基础,并揭示了网络效应在推动经济增长中的关键作用。

在数字经济中,达维多定律的应用尤为广泛。通过增强网络的连接性和用户之间的互动,平台可以显著提升其吸引力和市场竞争力。企业通过优化用户体验和增加用户黏性,能够在竞争激烈的市场中脱颖而出。网络效应不仅推动了用户基数的扩展,还通过数据的积累和分析,为企业提供了更加精准的市场信息。这些应用不仅提升了企业的运营效率,还在一定程度上改变了市场竞争格局,推动了产业的持续创新与发展。

达维多定律对企业战略的影响是深远的。企业可以利用网络效应来制定产品推广和用户增长策略,从而实现规模效应。通过有效利用用户数据,企业能够更好地了解市场需求,并制定出更具针对性的营销策略。此外,网络效应还可以帮助企业快速扩展其用户基础,形成强大的市场壁垒。企业在制定战略时,既要利用网络效应带来的增长机会,又要警惕可能的市场过度集中风险。

(三) 科斯定律

科斯定律是理解市场交易中资源配置效率的关键理论之一。该定律指出交易成本的高低直接影响市场中资源的配置效率。在数字经济背景下,企业面临的交易成本不仅包括传统的市场交易费用,还包括信息搜寻、谈判和监督等隐性成本。通过应用数字技术,企业可以降低这些交易成本,从而实现更高效的资源配置。

在数字经济中,科斯定律的应用尤为显著。企业利用数字平台和技术手段,如大数据分析、区块链技术和智能合约,可以有效减少信息不对称和交易摩擦,从而提升市场交易的效率与透明度。例如,通过大数据分析,企业能够更准确地预测市场需求,减少库存积压,提高资金周转率。同时,区块链技术的去中心化特性为交易双方提供了更高的信任度,减少了传统交易中的中介费用和时间成本。

科斯定律对企业组织结构的影响也不容忽视。在数字经济环境下,企业需要重新设计其组织流程与结构,以适应更低交易成本带来的灵活性与响应速度。传统的金字塔型组织结构可能不再适用,取而代之的是扁平化、网络化的组织形式。这种结构调整使企业能够更快速地响应市场变化,提高决策效率,并通过数字化工具实现跨部门协同与创新。

第二节　数字经济的技术基础

一、数字经济的云计算技术基础

(一)云计算的基本概念

作为一种资源共享和服务提供的方式,云计算使用户可以按需获取计算能力和存储资源,而无须投资和维护物理硬件。这种按需服务的特性使企业能够灵活应对市场变化和业务需求的波动。

在云计算的部署模型中,公共云、私有云和混合云各自有其适用场景。公共云以其低成本和高可扩展性适合中小企业,而私有云则提供更高的安全性和控制力,适用于对数据敏感性要求较高的企业。混合云结合了公共云和私有云的优势,在灵活性和成本效益之间取得了平衡,因而成为许多企业的首选。不同的部署模型在安全性、灵活性和成本上各有优势,企业可以根据自身需求选择合适的方案。

云计算的关键技术主要包括虚拟化技术、容器化和微服务架构。虚拟化技术通过在单一物理硬件上运行多个虚拟机,提高了资源利用率和灵活性;容器化技术进一步简化了应用的部署和管理,使应用能够在不同环境中一致运行;微服务架构通过将应用拆分为多个独立的服务模块,提高了系统的可维护性和扩展性。

云计算的优势在于其资源弹性、成本效益、快速部署和可扩展性等方面。通过云计算,企业可以根据业务需求动态调整计算资源,避免资源浪费和过度投资。同时,云计算的按需付费模式降低了信息技术基础设施的成本,使企业能够将更多资源投入到核心业务中。此外,云计算的快速部署能力使企业能够迅速响应市场变化,提升竞争力。

(二)云计算的服务模式

1.基础设施即服务(IaaS)

基础设施即服务允许用户根据需求租用计算资源,如服务器和存储。这种按需租用的方式极大地降低了企业在硬件上的投资成本。对于初创企业和中小企业而言,IaaS 提供了一种经济高效的解决方案,使其能够在有限的预算下获取强大的计算资源。此外,IaaS 的弹性特点使企业能够根据业务的变化动态调整资源配置,支持企业在市场上快速进行业务的拓展。

2.平台即服务(PaaS)

平台即服务为开发者提供了一个完整的开发环境。PaaS 简化了应用程序的开发、测试和部署过程,使开发者能够专注于代码的编写和功能的实现,而无须担心底层基础设施的管理。这种模式不仅提高了开发效率,还促进了创新,因为开发者可以更快地将创意转化为实际应用。PaaS 的优势在于集成的工具和服务可以支持多个编程语言和框架,这极大地提高了开发团队的协作能力和产品的上市速度。

3.软件即服务(SaaS)

软件即服务是云计算中最广泛应用的服务模式之一。SaaS 通过互联网提供按需访问的应用程序,用户无须安装和维护软件。这种模式降低了信息技术管理的复杂性,使企业能够将更多的精力集中在核心业务上。SaaS 的灵活性和可扩展性使其成为企业数字化转型的关键推动力。在全球化和移动化的背景下,SaaS 提供了跨地域的统一应用体验,支持企业的全球业务拓展。

二、数字经济的大数据技术基础

(一) 大数据的采集与存储

在大数据的采集过程中,传感器技术、网络爬虫以及用户行为追踪等多种方式被广泛应用。这些技术的结合不仅确保了数据的多样性,还提高了数据的实时性,使数据能够及时反映市场动态和用户需求。这一过程的复杂性要求技术的精确性和灵活性,以适应不同数据源和数据类型的变化。通过这些技术,企业和研究机构能够获取大量有价值的数据。

在数据存储方面,分布式存储、云存储和数据库技术在大数据环境中扮演着至关重要的角色。分布式存储通过将数据分散到多个节点上,提升了数据存储的可靠性和效率;云存储提供了灵活的存储空间和计算能力,降低了企业的硬件成本;数据库技术确保了数据的组织和检索效率。这些存储解决方案的结合不仅满足了海量数据的存储需求,还为数据的快速访问和处理提供了技术支持。

(二) 大数据的分析与处理

大数据分析与处理的核心在于通过对海量数据的处理与挖掘,提取有价值的信息,以支持企业决策。企业通过分析这些数据,不仅能够了解市场趋势,还能够预测未来的变化,从而制定更精准的战略决策。这种分析能力在数字经济时代尤为重要,因为它决定了企业能否在激烈的市场竞争中获得优势。

大数据分析包括为描述性分析、诊断性分析、预测性分析和规范性分析,每种分析对应不同的数据处理需求与应用场景。描述性分析主要用于总结过去发生的事件,并且通过统计和可视化技术让企业了解现状。诊断性分析深入探讨数据中的因果关系,帮助企业理解事件背后的原因。预测性分析利用历史数据和模型,预测未来的趋势和结果,为企业提供前瞻性的指导。规范性分析结合算法和模型,提供最优的决策建议。这些分析技术的结合使企业能够在不同的情境下,灵活应对市场变化。

数据挖掘技术在大数据分析中具有重要作用。通过机器学习、聚类分析和关联规则等方法,企业能够从数据中发现潜在模式与关系。这些技术不仅帮助企业识别出隐藏的商业机会,还能揭示出潜在的风险。例如,聚类分析可以帮助企业进行客户细分,识别出具有相似特征的客户群体,从而制定有针对性的营销策略。机器学习能够通过不断学习和优化,提升数据分析的准确性和效率。数据挖掘技术的应用使企业能够从复杂的数据中,提取出具有战略价值的信息。

三、数字经济的人工智能技术基础

(一) 人工智能的基本概念

模拟人类智能的计算机系统不仅能够执行复杂的学习和推理任务,还具备自我修正的能力。这种能力使人工智能在多个领域展现出强大的适应性和应用潜力。尽管人工智能的定义在学术界和工业界可能存在一些差异,但其核心始终围绕着智能行为的模拟与实现。

人工智能主要包括弱人工智能和强人工智能。弱人工智能通常在限定的范围内展现出高效的处理能力,如语音识别和图像分类。相比之下,强人工智能追求通用智能能力,试图在更广泛的情境中模拟人类的思维和决策过程。虽然目前的技术水平尚未完全实现强人工智能,但其发展趋势引发了广泛的学术讨论和技术探索。

人工智能的关键技术包括机器学习、自然语言处理和计算机视觉等。机器学习通过算法从数据中学习模式和规则。自然语言处理致力于实现人与计算机之间的自然语言交流,这使计算机能够理解和生成人类语言。计算机视觉涉及图像和视频的分析与理解,广泛用于自动驾驶、医疗影像分析等领域。这些技术在不同应用场景中具有不可替代的作用,且推动着各行各业的数字化转型。

在数据处理方面,人工智能通过分析和处理大规模数据集,提取出有价值的信息。这不仅提高了数据处理的效率,还为决策制定提供了坚实的基础。通过对海量数据的深度挖掘,人工智能能够识别潜在的趋势和模式,并为企业和组织提供战略性建议。

(二)人工智能在数字经济中的应用

人工智能在数字经济中的应用,改变了传统行业的运作模式,推动了产业的转型升级。在自动化生产中,人工智能通过机器学习和深度学习技术,提升了生产线的智能化水平。生产线的智能化不仅意味着设备能够自主决策和实时调整,还意味着生产效率和产品质量的显著提高。通过智能算法的引入,工厂能够更快地响应市场需求的变化,减少因人力因素导致的生产延误和错误。这种技术的应用在全球范围内引发了制造业的新一轮创新,并且成为产业升级的重要驱动力。

客户服务领域同样受益于人工智能的进步。智能客服系统和聊天机器人通过自然语言处理技术,显著提高了客户响应速度和用户体验。这些系统能够24小时不间断地处理客户咨询,自动解答常见问题。与此同时,智能客服系统能够通过分析客户的历史互动数据,提供个性化的服务建议,进一步增强客户满意度。这种技术创新不仅优化了企业的服务流程,也重新定义了客户服务的标准。

在电子商务中,人工智能的应用尤为突出。基于用户行为分析和数据挖掘技术,人工智能能够为消费者提供个性化的产品推荐,显著提升销售转化率。通过分析用户的浏览历史、购买记录和兴趣偏好,系统可以精准地预测用户的需求,并在恰当的时机推送相关产品。这种个性化的推荐不仅提高了用户的购物体验,也增加了企业的销售额。

质量检测是制造业中至关重要的环节,人工智能在这一领域的应用同样引人注目。通过计算机视觉技术,人工智能可以在生产过程中自动识别产品缺陷,提高质量控制的效率和准确性。传统的质量检测依赖人工检查,既费时又容易出错,而人工智能则能够在短时间内完成大量产品的检测,并且精确度更高。这种技术不仅降低了次品率,也为企业节省了大量的检测成本,提升了市场竞争力。

四、数字经济的区块链技术基础

(一) 区块链的基本原理

作为一种去中心化的分布式账本技术,区块链的基本原理在于通过分布式网络节点的共同参与,实现交易信息的安全记录和存储。由于其去中心化的特性,区块链不依赖单一的中央权威机构,因而提高了系统的安全性和可靠性。这一特性使区块链在金融、供应链管理等领域具有广泛的应用前景。

区块链能够安全地记录和存储交易信息。与传统的集中式数据库不同,区块链通过分布式网络的方式,确保每个参与者都拥有相同的账本副本。这种结构不仅提高了数据的透明度和安全性,还减少了对第三方中介的依赖。区块链的这一特点使其在金融、物流、医疗等多个领域中,展现出强大的应用潜力和发展前景。

区块链的核心特性包括不可篡改性、透明性和可追溯性,这些特性确保了数据的安全性和可信度。不可篡改性是指一旦信息被记录到区块链上,就无法被篡改或删除,除非同时控制整个网络的大多数节点。透明性则意味着所有参与者都可以查看区块链上的交易记录。可追溯性意味着每一笔交易都可以追溯到其源头。这些特性使区块链在数据敏感的行业中,成为一种可靠的技术选择。

区块链的智能合约功能强调其自动执行合约条款的能力,这减少了人为干预并提高了交易效率。智能合约可以在满足特定条件时自动执行合约条款。这种自动化的特性不仅降低了交易成本,还减少了人为错误和欺诈的可能性。智能合约在金融交易、供应链管理、知识产权保护等领域展现出了巨大的应用潜力。

区块链的网络结构通过节点分布实现数据同步与共享,这增强了系统的抗攻击能力和容错性。每个节点在区块链网络中通过分布式的方式来存储和验证数据。这种结构不仅提高了系统的稳定性,还使区块链在面对网络攻击时具有更强的抵御能力。同时,节点的多样性和分布性提高了数据的可用性和可靠性,同时也为区块链技术的广泛应用奠定了坚实的基础。

(二) 区块链在数字经济中的应用

通过不可篡改的数据记录和分布式账本,区块链技术能够在多领域提升效率和安全性,并为产业升级提供技术保障。具体而言,区块链技术通过提供透明的交易记录和不可篡改的数据,显著提升了供应链管理的可追溯性和效率。这种技术应用使供应链中的每个环节都能被有效监控和验证,进而提升整体供应链的透明度和信任度。

在金融服务领域,区块链技术的去中心化特性被用于实现安全的跨境支付和资金转移。传统的跨境交易通常面临高昂的成本和较长的处理时间,而区块链技术通过其分布式账本系统,能够大幅降低交易成本和时间。这不仅提高了金融交易的效率,还增强了交易的安全性和可靠性。

数字身份验证是区块链技术的另一个重要应用领域。通过分布式账本技术,区块链可以确保用户身份的安全性和隐私保护,显著降低身份盗用风险。传统的身份验证系统通常依赖集中式的数据存储,因而容易成为黑客攻击的目标,而区块链技术通过去中心化的方式分散了数据存储和管理的风险,提供了一种更安全的身份验证机制。这种应用不仅提升了用户的信任度,也为数字经济的健康发展奠定了基础。

在版权保护方面,区块链技术提供了透明的作品所有权记录,以帮助创作者维护其知识产权,防止盗版行为。通过区块链的不可篡改特性,创作者可以清晰地记录和追踪其作品的所有权和使用情况,确保其合法权益不受侵害。

第三节 数字经济的影响

一、数字经济对生产效率的提升

(一)自动化与智能化生产

自动化生产是指利用自动化技术实现生产过程的自动化操作和控制。它涵盖了从原材料投入到产品产出的整个生产流程。企业通过引入机器人和智能设备可以实现自动化生产。这一过程不仅提高了产品的质量和一致性,还减少了因人为因素导致的生产停滞和损失。同时,自动化生产系统在重复性任务中,能够以极高的精度和速度完成大量工作,这使生产企业能够更有效地满足大规模的订单需求。

智能化生产是指利用先进的数据分析和机器学习技术,实时监控生产过程,优化资源配置,降低生产成本。通过对生产数据的深入分析,企业能够预测潜在的设备故障和生产瓶颈,从而提前采取措施避免生产中断。此外,智能化生产使企业能够根据市场需求的变化,快速调整生产计划,确保产品供应的及时性和灵活性。

传统生产模式通常受限于人工工作时间,而自动化系统能够在无人值守的情况下持续运行。同时,这种全天候的生产能力使企业能够更快地响应客户需求,缩短产品交付周期,提升客户满意度。

通过集成物联网技术,自动化与智能化生产实现了设备间的互联互通,增强了生产系统的整体协调性和信息透明度。物联网技术使生产设备能够实时共享状态信息和操作数据,形成一个高度协同的生产网络。这种信息透明度不仅提高了生产过程的可控性,还为企业决策提供了重要的数据支持,使管理层能够基于实时数据做出更准确的决策,从而进一步提升生产效率和企业竞争力。

(二) 数据驱动的决策优化

数据分析技术通过挖掘历史数据,帮助企业识别市场趋势和消费者偏好,从而制定更具针对性的营销策略。这种方法不仅提高了营销活动的精准度,还显著提升了市场竞争力。在全球化和信息化的背景下,企业能够通过大数据技术了解消费者的行为模式和需求变化,进而制定出更符合市场需求的产品和服务策略。数据分析的应用不仅限于市场领域,其在生产、供应链管理等方面也展现出强大的优化潜力。

实时数据监控使企业能够及时获取运营状态,快速响应市场变化,优化生产流程和资源配置。这种能力使企业在面对复杂多变的市场环境时,能够以更高的效率和更低的成本进行生产活动。通过实时数据的反馈,企业可以迅速发现生产过程中的瓶颈和问题,并采取有效措施进行调整,以实现生产效率的最大化。

数据驱动的决策支持系统为管理层提供可视化的分析报告,以提升决策的准确性和效率,降低决策风险。决策支持系统通过整合企业内外部数据,生成直观的图表和报告,使管理层能够更清晰地了解企业运营状况和市场环境。这种可视化的分析工具不仅提高了决策的科学性,还缩短了决策时间,使企业能够在激烈的市场竞争中保持敏捷性和灵活性。通过这样的系统,管理层能够更好地掌握企业的战略方向和运营细节。

通过数据集成与分析,企业能够打破信息孤岛,实现跨部门协同,提升整体运营效率和创新能力。数据集成使企业的各个部门能够共享信息,这不仅消除了部门间的信息壁垒,也提升了协作效率。这种协同效应不仅体现在日常运营中,也体现在企业创新和战略制定的过程中。通过跨部门的数据共享,企业能够更好地整合资源,推动创新项目的实施,提升市场竞争力和企业可持续发展能力。在数字经济的推动下,数据驱动的决策优化成为企业提升生产效率和创新能力的有力工具。

(三) 创新能力的增强

在数据分析和人工智能技术的推动下,企业能够快速识别市场需求的变化,进而推动产品创新和优化。这种能力不仅提升了企业的市场竞争力,还使企业能够在激烈的市场环境中保持领先地位。数据分析使企业能够精准地定位市场需求,优化产品设计和功能,从而满足消费者不断变化的偏好。人工智能通过自动化和智能化的手段,提高了生产效率和创新速度,使企业能够更快地将创新产品推向市场。

跨行业的数字技术应用进一步促进了知识的交叉与融合。这种交叉与融合激发了新商业模式的产生,推动了传统产业的转型与创新。数字技术的普及使企业能够借助数字工具打破行业壁垒,实现资源和信息的共享。这种共享不仅有助于提高企业的创新能力,还促进了不同领域知识的融合,催生出许多新兴的商业模式。传统产业在这种背景下,通过数字化转型,能够有效提升其竞争力,并在市场中占据有利地位。

数字平台的建设为企业提供了更高效的资源共享与合作环境。企业通过数字平台可以更加便捷地进行信息交流和资源整合,这增强了企业的研发能力。开放式创新模式鼓励企业打破内部创新的限制,积极吸纳外部的创新资源和力量。这种模式不仅提升了企业的创新效率,还拓宽了企业的创新视野,使其能够更好地应对市场变化和技术创新带来的挑战。

二、数字经济对市场结构的重塑

(一) 市场进入壁垒的变化

数字经济的崛起对市场进入壁垒产生了显著的影响。数字技术的普及显著降低了市场进入的技术门槛,使新兴企业能够以较低的成本快速进入市场。以往,企业进入市场往往需要大量的资本投入和技术积累,而数字技术的应用使企业可以通过云计算、大数据分析和人工智能等手段,快速实现产品开发与市场推广。技术门槛的降低不仅为新兴企业提供了更多的市场机会,也促使市场竞争更加激烈,推动了产业的快速迭代与升级。

在线平台和数字渠道的兴起为创业者提供了更广泛的市场接触机会,减少了传统市场进入的地理限制。以往,企业进入市场需要考虑地域、物流等诸多因素,而在数字经济中,企业可以通过电子商务平台和社交媒体,实现全球范围内的市场推广与销售。这种地理限制的减少使中小企业能够在全球市场中找到自己的定位,并与大型企业展开竞争。同时,数字平台的多样性和普及性为消费者提供了更多选择,这进一步加剧了市场竞争的激烈程度。

数据共享与合作的增加是数字经济对市场结构影响的另一个重要方面。新企业能够利用现有资源和网络,加速产品开发与市场推广,提升竞争力。通过开放数据平台和合作网络,企业可以更加高效地获取市场信息和技术支持,快速响应市场需求。这种数据驱动的市场环境使企业之间的合作与竞争关系更加复杂。数据共享不仅帮助企业降低了运营成本,也为市场结构的重塑提供了新的动力。

数字经济推动的创新模式使小型企业能够通过灵活的商业策略与大企业竞争,改变市场竞争格局。小型企业可以利用数字化工具,快速调整商业模式和产品策略,以适应不断变化的市场环境。这种灵活性使小型企业在某些细分市场中占据优势,甚至在某些领域引领市场发展。数字经济下的创新模式不仅为小型企业提供了更多的生存与发展空间,也促使大企业不断创新,以保持市场竞争力。这种市场竞争格局的变化推动了整个产业的创新与升级。

(二) 传统市场角色的转型

在数字经济的推动下,传统市场中的中介角色逐渐被数字平台取代,因为企业通过直接与消费者对接,减少了中介环节。这种变化不仅提高了交易效率,还扩大了企业的利润空间。数字平台如电子商务网站和社交媒体的崛起,使企业能够更直接地接触到目标消费者,获取更精准的市场反馈,从而更快地调整其产品和服务策略。这种直接对接的模式打破了传统中介在信息传递中的垄断地位,使市场信息更加透明,交易过程更加高效。

传统零售商的角色也在发生显著转变。越来越多的零售商通过线上渠道拓展销售,实现线上线下的深度融合。这种融合不仅提升了消费者的购物体验,还为零售商提供了更广阔的市场空间。通过大数据分析和精准营销,零售商能够更好地了解消费者的需求和偏好,从而提供个性化的产品和服务。这种线上线下的融合模式不仅增强了零售商的竞争力,也推动了整个零售行业的创新发展。

行业生态系统也在数字经济的影响下进行重构。企业与供应链各方通过数字技术实现了更紧密的合作,优化了资源配置。这种合作模式提升了整体供应链的灵活性与响应速度,使企业能够更快速地适应市场变化。在数字技术的支持下,供应链各环节的信息共享和协同工作得以实现。这种生态系统的重构不仅提高了行业的整体效率,也为企业创造了更多的合作和创新机会。

(三) 新兴市场主体的崛起

通过数字技术的应用,这些主体实现了业务模式的创新,能够快速适应市场变化,满足消费者的个性化需求。

其一,数字技术不仅改变了传统的商业运作模式,还为新兴市场主体提供了前所未有的机会,使其能够在竞争激烈的市场中脱颖而出。尤其是随着大数据、人工智能和物联网等技术的成熟,这些市场主体可以更精准地洞察市场趋势和消费者行为,从而制定更具针对性的市场策略。

其二,新兴市场主体在资源获取和配置上展现出更大的灵活性。通过利用数字平台和共享经济模式,这些主体能够有效降低运营成本,提高市场竞争力。数字平台的普及使新兴市场主体通过共享经济的方式,合理配置闲置资源,优化运营流程。这种灵活性不仅体现在成本控制上,还体现在以最小的代价实现最大的收益上。

其三,新兴市场主体通过数据驱动的决策支持系统,显著提升了运营效率和响应速度。这种数据驱动的模式使企业能够在快速变化的市场环境中保持竞争优势。通过实时的数据分析和智能化的决策支持系统,新兴市场主体能够快速识别市场需求的变化,优化供应链管理,提升客户服务质量。这种高效的运营模式不仅增强了企业的市场适应能力,还使企业在激烈的市场竞争中赢得了先机。

其四,新兴市场主体的崛起促进了行业生态的多元化,推动了传统产业与新兴产业的融合与协作,形成了新的商业生态系统。这种多元化的行业生态为不同产业之间的协同创新提供了广阔的空间。通过跨界合作和资源整合,传统产业可以借助新兴市场主体的创新能力,实现自身的转型升级。新兴市场主体则可以通过与传统产业的合作,获得更多的市场资源和经验积累,进一步巩固其市场地位。这种双赢的合作模式既推动了产业结构的优化,又为数字经济的发展注入了新的活力。

三、数字经济对就业形态的影响

（一）就业岗位的数字化转型

随着技术的不断进步，企业对岗位技能的要求发生了显著变化。数据分析、编程以及数字工具的使用成为企业招聘时的核心考量。这种趋势不仅改变了企业的人才需求，还促使教育体系对课程设置进行调整，以培养适应新经济环境的人才。数字化转型在金融、医疗、零售等传统行业中也同样显著，企业纷纷通过数字化手段提升竞争力。

数字化转型促使传统岗位的工作内容逐渐向技术密集型转变，并且要求员工应具备基本的数字素养和适应能力。自动化和智能化技术的应用使许多重复性和机械性的工作被机器取代。这一变化不仅提高了企业的生产效率，也推动了整体经济的创新和发展。

随着自动化和智能化技术的应用，传统岗位的工作内容发生变化，更多的岗位需要与智能系统协作，提升工作效率。智能化系统的引入使员工的工作方式发生了根本性变化。例如，传统的手工操作被智能系统所替代；员工更多地参与系统的管理和优化。通过与智能系统的协作，员工不仅能够提高个人的工作效率，还能为企业创造更大的价值。这种协作关系的建立要求员工应具备持续学习和适应新技术的能力。

新兴数字岗位的出现，如数据科学家、人工智能工程师和数字营销专家，推动了就业市场的多元化和专业化。新兴岗位的涌现不仅丰富了就业市场的选择，也对求职者提出了更高的专业要求。例如，数据科学家需要具备深厚的统计学和计算机科学知识；人工智能工程师需要掌握机器学习和算法设计；数字营销专家需要精通市场分析和数字传播策略。

（二）灵活就业模式的兴起

随着数字经济的快速发展，越来越多的人选择灵活就业。这种模式不仅为个人提供了更大的自由度和自主性，还为他们创造了多元化的收入来源。这种就业模式特别适合那些希望在职业生涯中追求更多灵活性的人群，如自由职业者、兼职工作者和远程办公人员。灵活就业的兴起也反映了社会对工作方式的重新定义，强调了工作与生活之间的协调与平衡。

数字平台的兴起为灵活就业提供了更多机会,如个人可以通过在线平台接单,实现自我雇佣。数字平台不仅降低了就业的门槛,还为求职者提供了展示和销售技能的渠道。通过数字平台,个体可以在全球范围内寻找工作机会,不再受地域限制。这种变化不仅扩大了就业市场的范围,还促进了全球人才的流动。同时,数字平台的便捷性和高效性使求职者能够更快速地匹配到适合的工作机会,进而提高了就业效率。数字平台的普及正在改变传统的招聘和求职方式,推动就业市场的数字化转型。

灵活就业模式促进了技能的多样化,因此个体需要不断学习新技能,以适应市场需求的变化。由于灵活就业的竞争性和不确定性,个人必须具备多样化的技能组合,以便在快速变化的市场中保持竞争力。在数字经济环境下,技能的更新速度加快,个体需要通过持续学习和培训来提升自身能力。这种对新技能的需求不仅推动了教育和培训行业的发展,也促使个人更加注重终身学习的重要性。灵活就业模式下的技能多样化趋势要求教育体系和职业培训机构应提供更具针对性和灵活性的学习方案。

灵活就业的普及推动了企业用工模式的转变。在数字经济的背景下,企业面临着快速变化的市场环境和不确定的经济形势,因此需要更加灵活的用工策略。灵活就业模式为企业提供了按需雇佣的可能性,这使企业可以根据项目的具体需求灵活调整人力资源。这不仅有助于降低企业的固定人力成本,还有助于提高企业对市场变化的响应速度。灵活就业模式的普及促使企业在用工策略上更加重视灵活性和弹性,以便在竞争激烈的市场中保持优势。

(三)传统职业的转型与消失

自动化技术的迅猛发展使许多重复性劳动岗位被机器和智能系统取代。这一趋势不仅在国内外就业市场中广泛存在,而且对各行各业的职业结构产生了深远影响。在传统职业中,那些依赖重复性和机械性劳动的岗位正逐渐被更高效的自动化设备所替代。这一变化不仅导致了部分职业的消失,也推动了职业角色的转型。因此,从业人员应具备新的技能和知识,以适应数字化的工作环境。

随着数字技术的不断进步,传统职业的工作内容正在发生深刻变化。从业人员被迫提高自身的技术技能和适应能力,以应对新兴的工作要求。数字经济的快速发展要求员工不仅要掌握传统的行业知识,还需要具备数据分析、编程及数字化工具使用等新技能。这样的转变不仅包括技术上的改变,也包括思维方式和工作方法的改变。通过这种转型,员工能够更好地融入新的工作环境,满足数字经济带来的多样化需求。

职业角色的转型也促使从业人员进行重新学习和培训,以适应数字经济带来的新变化。新兴的职业如数据分析师、数字营销专家等,正逐渐成为就业市场的热门选择。这些职业不仅需要相关的技术背景,还要求从业人员具备创新思维和灵活应变的能力。通过职业培训和技能提升计划,员工可以更好地适应快速变化的就业市场,抓住数字经济带来的新机遇。

传统行业中一些岗位逐渐消失,取而代之的是基于数据和技术的新兴职位,这一趋势推动了就业市场结构的深刻变化,即新的就业机会不断涌现,传统行业的边界正在被打破,跨领域的融合成为常态。数字经济不仅改变了就业形态,也重塑了劳动市场的规则和模式。面对这样的变化,政策制定者和企业需要积极应对,以确保劳动力市场的平稳过渡和可持续发展。

四、数字经济对消费模式的影响

(一) 消费渠道的多样化

消费渠道的多样化是数字经济对消费模式影响的显著表现之一。线上购物平台的兴起使消费者能够随时随地浏览和购买商品,这极大地提升了购物的便利性和选择性。消费者不再受限于实体店的营业时间和地理位置,而是可以在全球范围内进行商品的比价和选择。这种购物方式的普及不仅改变了传统的消费习惯,也推动了电子商务的快速发展。此外,线上购物平台的多样化服务,如即时配送和无接触配送,进一步提高了消费者的购物体验和满意度。

社交媒体的应用为品牌与消费者之间建立了直接互动的渠道。消费者可以通过社交平台获取产品信息、评价和推荐,这增强了购买决策的透明度。社交媒体的互动性和信息的即时性使消费者能够在购买前充分了解产品的特点和使用体验,从而做出更明智的购买决策。同时,品牌可以通过社交媒体精准地进行市场营销,直接获取消费者的反馈和需求。这种互动模式不仅提高了消费者的参与感,也使品牌能够更好地适应市场变化,提升其市场竞争力。

移动支付技术的发展使消费者在购物时能够快速、安全地完成支付,这进一步促进了线上和线下消费的无缝衔接。移动支付的便捷性和安全性使消费者在购物时不再需要携带现金或银行卡,而是通过智能手机即可完成支付。这种支付方式的普及极大地提升了消费者的购物效率,同时也推动了新零售模式的发展。

商家通过移动支付技术,可以更好地整合线上和线下资源,为消费者提供更加便捷和多样化的购物体验。

订阅服务和个性化推荐的兴起使消费者可以根据自己的兴趣和需求获得定制化的产品和服务。通过大数据分析和人工智能技术,企业能够精准地了解消费者的偏好和需求,提供个性化的产品推荐和服务。这种个性化的消费模式不仅增加了消费者的忠诚度,也为企业创造了新的商业机会。消费者通过订阅服务,可以定期获得符合其兴趣的产品和服务,并且享受更加便捷和个性化的消费体验。

(二) 消费行为的数据化

随着信息技术的发展,消费者的购买行为和偏好逐渐被转化为可量化的数据。这一过程不包括消费者在购物时所留下的数字足迹,还包括他们在社交媒体、搜索引擎以及其他在线平台上的活动。这些数据为企业提供了丰富的信息来源,以使其能够更好地理解市场动态和消费者需求。这种数据化的趋势为企业的市场营销和产品开发策略提供了新的视角和方法。

通过对消费行为的数据化分析,企业可以深入了解消费者的购买习惯和偏好,从而制定更有效的市场营销策略。数据分析技术使企业能够从海量的消费者数据中提炼出有价值的信息,并且在竞争激烈的市场中占据优势地位。通过分析消费者的购买途径、偏好产品和消费频率等信息,企业可以精准地识别出目标客户群体,并根据这些信息制定个性化的营销策略。

消费行为的数据化为企业的产品开发提供了坚实的基础。企业可以通过对消费者行为数据的分析,识别出市场上尚未被满足的需求和偏好,并且在产品设计和改进中做出更具针对性的决策。这种基于数据的产品开发策略能够帮助企业在竞争中脱颖而出,提升其市场竞争力。企业能够快速响应市场变化,推出符合消费者需求的创新产品。

消费行为的数据化还促进了个性化服务的实现。企业可以根据消费者的历史数据,提供量身定制的购物体验,增强用户黏性和满意度。通过分析消费者的购买历史、浏览记录和偏好,企业能够为每位消费者提供个性化的产品推荐和服务。这不仅提高了消费者的购物体验,还增加了客户忠诚度和品牌忠诚度,形成了良性循环的商业生态。

第二章　数字经济与产业创新体系的构建

第一节　数字经济与产业创新基础设施建设

一、基于数字经济的产业创新信息网络建设

(一)信息网络的架构设计

其一,设计一个高效的架构时需要充分考虑信息的流动性和处理效率,以支持产业创新。信息网络的层次结构设计是其关键组成部分。基础层负责数据的采集和初步处理;传输层确保数据的高速传递;应用层提供最终的用户服务和应用支持。这种分层设计不仅提高了网络的效率和稳定性,还使各层可以独立升级和维护,以满足不同的业务需求。

其二,信息网络的安全性设计是保障数据传输和存储安全的核心。通过加密技术和多层防护措施,信息网络可以有效防范数据泄露和网络攻击,确保信息的机密性和完整性。在数字经济快速发展的背景下,任何安全漏洞都可能对企业的运营造成严重影响。因此,在网络设计中,应优先考虑安全性,并不断更新以应对新兴的安全威胁。

其三,信息网络的可扩展性设计是为了适应未来技术和业务需求的变化。随着数字经济的不断发展,企业需要灵活的网络架构来支持新技术的引入和业务规模的扩展。可扩展性设计不仅能够降低未来的升级和维护成本,还能帮助企业快速响应市场变化,并且在竞争中保持优势。通过模块化设计和标准化接口,网络可以更容易地进行扩展和升级。

(二)信息网络的互联互通

1.信息网络的标准化接口设计

信息网络的标准化接口设计确保了不同系统和平台之间能够进行无缝对接和数据交换。这种标准化接口的设计不仅能够提升系统的兼容性和互操作性,还

能降低企业在技术集成和数据共享上的成本。

2.制定统一的数据交换协议

制定统一的数据交换协议是促进跨行业和跨区域数据共享与合作的关键措施。这样的协议能够为不同企业和行业提供一个共同的语言,并且使数据在不同的组织和地域间流动更加顺畅。这种数据的流动不仅能促进产业内的协同创新,还能在更大范围内推动经济的整体增长。通过这样的协议,企业可以在更广泛的生态系统中找到合作伙伴,形成更加紧密的产业链条。

3.建立开放的应用程序接口

建立开放的应用程序接口是支持第三方应用程序接入与扩展的有效手段。开放应用程序接口能够为开发者提供一个标准的接口,从而简化应用程序的开发和集成过程。这种开放性不仅能激发创新,还能加速新技术和新服务的市场化进程。通过应用程序接口的开放,企业能够快速响应市场变化,推出更加符合用户需求的产品和服务。

二、基于数字经济的产业创新数据中心建设

(一) 数据中心的功能定位

数据中心不仅是一个存储和计算的场所,也是产业创新的引擎。通过精确的功能定位,数据中心能够有效支持产业的数字化转型和创新发展。其主要功能包括存储管理、计算能力、备份与恢复机制以及资源调度与管理等。在存储管理方面,数据中心必须具备高效的存储与检索能力,以支持海量数据的处理需求。

数据中心的存储管理功能可以确保海量数据的高效存储与检索。现代数据中心需要处理多种数据格式和类型,这要求其具有灵活的存储架构和先进的管理技术。为了支持产业创新,数据中心必须能够快速响应数据请求,确保数据的可用性和完整性。存储管理功能的优化不仅提高了数据中心的运营效率,还为产业创新提供了坚实的数据基础。这种功能的实现需要先进的技术支持和科学的管理策略。

数据中心的计算能力是支持大数据分析和复杂运算需求的关键。强大的计算资源使数据中心能够处理大量数据分析任务,支持产业的创新活动。通过提供

高性能计算环境,数据中心能够加速数据处理过程,提升数据分析的深度和广度。计算能力的提升不仅有助于提高产业的生产效率,还能推动新兴产业的发展和传统产业的转型升级。

为了保障数据的安全性与完整性,数据中心必须建立完善的备份与恢复机制。这一机制确保在系统故障或数据丢失时,能够迅速恢复数据,保障业务的连续性。数据中心通过多级备份策略和快速恢复技术,实现数据的高可用性和可靠性。备份与恢复机制的有效性直接关系到数据中心的安全管理水平和风险控制能力。对于产业创新而言,数据的安全性是基础,备份与恢复机制为此提供了坚实的保障。

数据中心的资源调度与管理是优化计算资源和存储资源配置的重要手段。通过科学的调度策略,数据中心能够提高资源利用效率,支持动态业务需求。这一功能需要借助先进的管理软件和智能化的调度算法来实现。资源调度与管理不仅提高了数据中心的运营效率,还为产业创新提供了灵活的资源支持。数据中心通过优化资源配置,能够更好地适应不断变化的市场需求和技术发展趋势。

(二) 数据中心的技术架构

首先,数据中心的技术架构需要满足高效处理和存储海量数据的需求。这包括选择合适的硬件设备和软件平台,以支持大规模数据处理和分析。此外,在技术架构的设计中还应考虑数据安全和隐私保护,并且通过加密技术和访问控制机制,确保数据的安全性和合规性。

其次,在数据中心的技术架构中,虚拟化技术的应用尤为重要。虚拟机和容器技术的引入显著提升了资源利用率和灵活性。通过虚拟化,数据中心可以在单一物理服务器上运行多个虚拟机,提高硬件资源的利用率,降低硬件成本。这种技术还支持多租户环境的灵活部署,这使数据中心可以更好地满足不同用户的需求,提供定制化的服务。

再次,数据中心的网络架构设计至关重要。高带宽、低延迟的网络连接是确保数据中心各个组件之间高效通信的基础。通过优化网络架构,数据中心能够实现数据的快速传输和处理,满足实时应用的需求。此外,在网络架构的设计中还应考虑扩展性和可靠性,以支持数据中心未来的发展和变化。

此外,数据中心的自动化管理平台通过智能监控和自动化运维工具,实现了资源的动态管理和故障的快速响应。自动化管理平台能够实时监控数据中心的运行状态,及时发现和处理故障,提高运营效率和可靠性。这种智能化的管理方式不仅减少了人工干预的需求,还提升了数据中心的服务质量。

三、基于数字经济的产业创新工业互联网建设

(一)智能制造与工业互联网融合

智能制造与工业互联网的融合是推动产业升级的重要途径。智能制造通过实时数据分析优化生产流程,这不仅提高了生产效率,还显著提升了产品质量。在数字经济的背景下,实时数据分析成为制造业的核心驱动力。通过实时监控生产线各环节的数据,制造企业可以快速识别并解决生产瓶颈,减少资源浪费,以实现更高效的生产管理。智能制造的优势在于它能够在短时间内调整生产参数,以适应市场需求的变化,保持竞争力。

工业互联网的核心在于它通过连接各种设备促进信息的共享与协同。设备间的互联互通不仅提高了生产过程的自动化水平,还为企业提供了更广泛的创新空间。通过工业互联网,企业可以实现跨设备、跨系统的数据整合,形成一个无缝的数据流动网络。这种信息流动的便利性使企业可以在全球范围内实现资源的优化配置,提高市场响应速度,增强市场竞争力。

智能传感器和物联网技术的应用使设备状态监测和故障预警更加精准及时。依据智能传感器收集的实时数据,企业可以对设备的运行状态进行全面监控,及时发现潜在故障并进行预防性维护。这不仅降低了设备的故障率和停机时间,还延长了设备的使用寿命。在此基础上,物联网技术的应用进一步提升了数据采集和传输的效率,这使企业能够更快速地响应设备状态的变化,提高生产的连续性和稳定性。

(二)工业互联网平台的创新应用

工业互联网平台通过提供实时数据分析和监控功能,使企业能够在生产过程中做出即时决策,并且显著提升生产效率。实时数据分析不仅能够帮助企业优化生产流程,还能够提前预判可能的生产瓶颈和异常情况,降低生产风险。此外,监控功能的增强使企业可以更好地管理资源配置,减少不必要的浪费,实现可持续发展。

通过工业互联网平台,企业能够实现设备的远程管理与维护,这不仅降低了人工干预的成本,又提高了设备的使用率。远程管理功能允许企业无须在现场操

作的情况下,对设备进行调试和故障排除,这不仅减少了设备停机时间,还提升了生产连续性。远程维护技术的应用以及设备的自诊断能力能够使工作人员在故障发生前进行预防性维护,以延长设备的使用寿命,优化设备投资回报率。

工业互联网平台的应用促进了供应链的透明化,增强了各环节之间的信息共享与协作。通过平台的互联互通,各个供应链节点能够实时获取相关信息,减少信息不对称带来的延误和误判。这种透明化的供应链管理模式不仅提升了整体运营效率,还增强了企业应对市场变化的灵活性和响应速度,使企业能够在复杂多变的市场环境中保持竞争优势。

利用工业互联网平台进行大规模数据集成与分析,是企业快速响应产品设计与市场需求的关键。通过对市场数据、用户反馈和生产数据的综合分析,企业能够更准确地把握市场趋势,优化产品设计,缩短产品开发周期。这种数据驱动的创新模式使企业能够在激烈的市场竞争中快速调整战略,满足消费者不断变化的需求,增强市场竞争力。

四、基于数字经济的产业创新园区建设

(一) 园区规划与设计

在园区整体规划中,设计师应结合数字经济的特点,设计灵活的空间布局,因为灵活的空间布局不仅能够适应不同类型企业的入驻,还能促进企业间的合作与交流。数字经济的快速发展要求园区具备高度的适应性和可变性,以便及时响应市场和技术的变化。此外,园区应提供多样化的功能区,如研发、生产、办公和生活区,以满足企业和员工的多元化需求。这种综合性的规划设计将有助于吸引更多的创新企业入驻,并形成良性的创新生态系统。

在园区内构建高效的交通网络是确保各个区域之间便捷连接的重要举措。交通网络的设计不仅影响园区内资源和信息的快速流动,也直接关系到企业的运营效率。高效的交通网络能够缩短人员和物资的流动时间,降低企业的运营成本,提升整体园区的竞争力。通过现代化的交通管理系统,园区可以实现交通流量的实时监控与优化,确保交通的顺畅与安全。这样的交通基础设施建设将为园区内企业的创新活动提供强有力的支持,助力产业的快速升级和发展。

园区设计师应注重使用节能环保的建筑材料和技术,创造良好的生态环境。绿色可持续的设计不仅符合全球环保趋势,也能降低园区的长期运营成本。例

如,使用太阳能、风能等可再生能源,以及智能照明、智能温控等节能技术,可以显著减少能源消耗和碳排放。在园区内的绿化和水体设计中也应考虑生态多样性和自然景观的协调,以提升园区的环境质量和吸引力。通过绿色可持续的设计,园区可以为入驻企业和员工提供一个健康、舒适的工作和生活环境。

(二)智能化管理系统

智能化管理系统的实时监控功能为园区的可持续发展奠定了坚实的基础。智能化管理系统的核心功能之一是对园区内资源使用情况进行实时监控。通过先进的传感器和物联网技术,系统能够动态跟踪资源的使用状态,确保每一项资源的高效配置与利用。这种实时监控不仅提高了资源的使用效率,还为管理者提供了精准的数据支持。

智能化管理系统通过数据分析与预测模型,对园区内的运营流程进行优化。利用大数据技术,系统能够从海量的园区运营数据中提取有价值的信息,并建立预测模型,帮助管理者提前识别潜在问题与机会。这种前瞻性的管理方式不仅提升了园区的整体管理效率,还增强了园区应对市场变化的灵活性与竞争力。

智能化管理系统还支持园区内各类设施的远程控制与维护,这显著降低了人工成本并提高了响应速度。通过远程控制技术,管理者可以在不亲临现场的情况下,对园区内的设施进行实时监控和操作,快速响应突发事件。这种高效的管理方式不仅节省了人力资源,还提高了园区的运营效率。

第二节 数字经济与产业创新资源配置

一、产业创新资源的类型

(一)人力资源

在人类历史的发展进程中,人力资源一直是推动经济和社会进步的关键要素。在数字经济时代,随着信息技术的迅猛发展,人力资源的重要性愈加凸显。数字经济不仅改变了传统的生产方式和商业模式,也对人力资源的结构和质量提出了新的要求。高素质的人力资源不仅是技术创新的推动者,也是企业竞争力的核心所在。因此,理解和优化人力资源配置成为产业创新体系构建的重要任务。

　　在数字经济背景下,人力资源的角色不再局限于执行者,而是成为创新的引领者和推动者。数字技术的普及和应用要求人力资源具备更高的数字素养和创新思维,以便在快速变化的市场环境中保持竞争力。技术转型不仅需要先进的设备和技术,也需要具备创新意识和实践能力的人力资源来推动和实现。因此,企业在构建产业创新体系时,必须重视人力资源的战略性配置,以确保在技术创新中占据有利地位。

　　数字经济的快速发展对人力资源的技能提出了更高的要求。由于传统的技能培训已不足以应对日新月异的技术变化,因此企业必须通过系统化的培训计划提升员工的数字技能和创新能力。特别是在人工智能、大数据和物联网等新兴技术领域,持续的学习和技能更新是保持竞争力的关键。通过提供多样化的培训机会,企业不仅能提升员工的职业素养,还能增强其适应市场变化的能力,从而在产业创新中占据主动。

　　在数字经济中,人才的竞争愈发激烈,如何吸引和留住高素质人才成为企业面临的重大挑战。合理的激励机制不仅可以提升员工的工作积极性,还能增强其对企业的忠诚度。这就要求企业应根据不同员工的需求和贡献,设计灵活的激励政策,如绩效奖金、股权激励和职业发展机会等,以激励员工为企业的创新发展贡献力量。

(二) 技术资源

　　随着全球经济的数字化转型,技术资源的有效配置与运用成为企业和国家竞争力的重要组成部分。新兴技术的崛起,如人工智能、区块链和物联网,正在迅速改变传统产业链的运作方式。这些技术的应用不仅提高了生产效率和灵活性,还使企业能够更快速地响应市场变化和客户需求,从而在激烈的市场竞争中占据有利位置。

　　新兴技术的应用推动了产业链效率和灵活性的提升。以人工智能为例,它通过数据分析和预测能力,帮助企业优化生产流程和供应链管理,降低运营成本。区块链技术通过去中心化的信任机制,提升了交易的安全性和透明度,促进了跨境贸易和金融服务的创新。物联网技术连接了设备与设备、设备与人之间的互动,推动了智能制造和智慧城市的发展。这些技术的融合应用使产业链的各个环节更加紧密和高效。

　　在数字经济背景下,技术创新往往需要跨越行业边界,通过多方协作实现突破。技术资源的整合不仅包括硬件和软件资源的共享,还包括知识和经验的交流。通过建立开放的技术平台和合作网络,企业可以在创新过程中共享资源、分担风险。这种合作模式不仅推动了技术创新,也为企业创造了新的价值增长点。

随着数字经济的快速发展,各种技术系统和平台不断涌现,而如何实现它们之间的无缝连接和协同运作成为企业面临的重大挑战。标准化操作不仅可以降低技术整合的复杂性和成本,还能提升整体运营效率,促进技术的广泛应用和推广。通过制定统一的技术标准和接口协议,企业可以在全球范围内实现技术资源的互联互通,为产业创新提供坚实的基础。

(三) 资本资源

1. 资金的流动性和灵活性

在数字经济时代,配置资本资源时不仅需要满足传统产业的需求,也需要适应新兴产业的快速变化。资金的流动性使企业能够迅速响应市场变化,而灵活性则确保了企业在资源配置上的多样性和适应性。通过有效的资本配置,企业可以在市场竞争中获得先机,推动技术创新和商业模式创新,从而实现产业升级和经济增长。

2. 风险投资与创业投资

风险投资与创业投资成为推动产业创新的重要力量。风险投资的介入不仅为企业带来了资金,还带来了丰富的行业经验和资源网络,帮助企业在技术研发、市场拓展等方面取得突破。创业投资为初创企业提供了从种子期到成长阶段的全方位支持,助力企业在激烈的市场竞争中站稳脚跟。通过资本的引导,更多创新型企业得以成长,进而促进数字经济的蓬勃发展。

3. 政府资金和政策支持

政府通过财政补贴、税收优惠等方式,为企业创新提供了强有力的支持。这些政策措施不仅降低了企业的创新成本,还激发了企业的创新活力,促进了新技术的研发和应用。同时,政府的政策导向引导了资本市场的投资方向,推动了产业结构的优化升级。在数字经济背景下,政府资金的有效配置是实现产业创新和经济转型的关键。

二、数字经济下产业创新资源的开放共享

(一) 数据共享机制

建立一个有效的数据共享平台,不仅能够促进企业间的数据交互与合作,还能显著提高信息的透明度和决策效率。在这一过程中,企业可以通过共享数据,获得更全面的市场信息,从而制定更加精准的战略决策。这种数据共享的模式不仅有助于企业自身的发展,也能为整个产业的创新提供新的动力。通过数据共享,企业可以减少信息孤岛的现象,提升资源的利用效率,进而推动产业的整体升级。

为了实现无缝的数据共享,制定统一的数据标准和格式显得尤为重要。通过标准化的数据格式,企业可以更轻松地进行数据交换,减少沟通障碍。这一过程不仅需要技术上的支持,还需要各行业之间的密切合作与协调。通过统一的数据标准,不同企业和行业能够在更高的层面上实现信息互通,推动资源的高效配置。

在数据共享的过程中,数据的安全性始终是一个不可忽视的问题。实施数据访问控制与权限管理是确保共享数据安全性的有效措施。通过严格的权限管理,企业可以防止敏感信息的泄露和滥用,保护自身的核心数据资产。同时,合理的数据访问控制也能增强企业间的信任,促进更加开放和深入的数据合作。在数字经济时代,数据安全不仅是企业自身的责任,也关乎到整个行业的健康发展。

推动行业间的数据共享联盟是实现跨行业合作的重要途径。通过这样的联盟,不同领域的企业能够形成数据资源的共建共享生态,打破行业壁垒。跨行业的数据共享能够带来更多创新的可能性,促进新产品和新服务的开发。这种合作模式不仅能提升各行业的竞争力,也能为消费者带来更多的价值。

(二) 开放平台建设

1.开放平台的架构设计

开放平台必须具备灵活性和可扩展性,以支持不同企业和开发者的接入需求。开放平台的架构设计者不仅需要考虑现有技术的兼容性,还要预见未来技术

发展的趋势,以便在技术演进过程中保持平台的领先地位。通过灵活的架构设计,开放平台能够快速响应市场变化,满足多样化的业务需求,从而为企业提供更广阔的创新空间。

2.开放平台的开发者生态建设

通过建立一个活跃的开发者社区,鼓励第三方开发者参与应用和服务的开发,可以极大地促进创新与技术进步。开发者生态不仅为平台带来丰富的应用和服务,还能激发开发者的创造力,推动新技术的应用和推广。这样的生态系统在全球范围内已经证明是成功的。例如,一些知名的科技公司通过开放平台吸引了大量开发者,形成了强大的技术生态,从而在竞争中处于有利地位。

3.开放平台的资源集中管理和调配

通过实现资源的集中管理,企业可以更高效地利用现有资源,避免资源的浪费和重复建设,从而降低运营成本。集中管理还能够帮助企业快速响应市场需求的变化,调整资源配置策略,提高市场竞争力。在数字经济的推动下,企业间的竞争日益激烈。如何通过开放平台实现资源的高效管理,成为企业能否在市场中立于不败之地的关键。

(三)资源共享协议

其一,资源共享协议的定义与目的在于通过明确的条款和规则,促进企业间的资源互通与协作,从而实现共赢。其核心在于打破信息孤岛,提升资源利用效率,推动创新要素的自由流动。通过协议,企业能够在合法合规的框架下,分享彼此的技术、数据和市场资源,形成更紧密的合作关系。这种资源共享不仅有助于降低创新成本,还能加速新产品和新服务的开发与推广。

其二,资源共享协议的参与方责任是协议成功实施的基石。协议中明确规定了各方在数据共享过程中的义务与责任,以确保信息的准确性与及时性。参与方需对提供的数据负责,保证数据的真实性和完整性,避免因信息错误导致的决策失误。同时,协议要求各方在共享过程中保持沟通畅通,及时反馈问题,确保协议的顺利执行。通过明确责任,能够有效减少协议的不确定性,为企业间的合作提供稳定的基础。

其三,数据安全是资源共享协议中不可或缺的内容。协议中的数据安全条款强调了在共享过程中的保护措施,如加密、访问控制等,确保数据的机密性和完整性。企业在共享数据时,应采取必要的技术手段,防止数据泄露和未经授权的访问。同时,协议规定了数据存储和传输的安全标准,确保数据在整个生命周期内的安全性。这些措施不仅保护了企业的核心数据资产,也增强了各方对协议的信任。

其四,资源共享协议的使用与管理流程是协议有效实施的关键。协议详细说明了数据共享的具体操作步骤及管理机制,确保各方能够按照统一的标准和流程进行资源共享。管理流程包括数据的申请、审核、共享、使用及反馈等环节,并且每个环节都有明确的责任人和操作规范。这种系统化的管理方式有助于提高共享效率,减少操作失误,保障协议的执行效果。

其五,在资源共享过程中,争议难以避免,因此资源共享协议的争议解决机制显得尤为重要。协议设定了在共享过程中可能出现的争议处理程序,以保障各方权益。争议解决机制包括协商、调解、仲裁等多种方式。通过设定明确的争议处理流程,协议不仅维护了各方的合法权益,也为企业间的长期合作奠定了信任基础。

三、数字经济下产业创新资源的供需匹配与优化配置

(一) 供需匹配机制

在数字经济时代,供需匹配机制不仅是市场经济的核心环节,也是提升资源配置效率的关键手段。通过建立动态供需信息平台,可以实时更新市场需求与资源供给信息。这一机制的核心在于促进信息透明化与快速匹配,确保企业能够及时获取市场动态,从而做出快速响应。信息平台的建设需要借助先进的信息技术,以确保信息的准确性和时效性。此外,信息平台的开放性和可访问性能够确保各类市场主体的广泛参与。

在供需匹配机制中,智能算法分析的应用不可或缺。利用大数据技术预测市场需求趋势,能够为企业提供科学的决策依据。通过分析海量数据,智能算法可以识别出隐藏的市场需求模式,帮助企业优化资源配置与分配策略。智能算法的应用不仅提高了预测的准确性,还缩短了决策时间。同时,智能算法分析也为企业提供了创新的可能性,即通过对市场需求的深度挖掘,企业可以开发出更符合市场需求的新产品和服务。

推动行业内的合作与交流是提升供需匹配效率的重要手段。在数字经济环

境下,企业之间的合作与资源共享成为可能。通过建立行业联盟或合作网络,企业可以共享资源与需求信息,进而提高整体供需匹配效率。这种合作不仅能降低企业的运营成本,还能促进技术和知识的传播,提升行业的整体创新能力。此外,政府和行业协会也可以搭建合作平台,制定合作规则,推动行业的健康发展。

构建多层次的供需对接机制是满足不同企业需求的重要策略。针对不同规模和类型的企业,提供定制化的资源匹配服务,可以有效提升资源配置的精准度。小微企业与大型企业在资源需求和供给能力上存在显著差异,因此需要差异化的对接机制。分层次的供需对接能够更好地满足各类企业的特定需求,促进产业的多元化发展。定制化服务的提供需要依托于对企业需求的深刻理解和灵活的服务模式,以确保服务的有效性和针对性。

(二) 资源配置的优化策略

在数字经济时代,资源配置优化策略的核心在于提高资源使用的效率和效果,以适应快速变化的市场环境。通过利用数字技术,企业可以在资源配置中实现更高的灵活性和精准度。优化策略不仅涉及资源的合理分配,还涉及对资源配置流程的不断改进和创新。企业应根据市场需求的变化,动态调整资源配置策略,以保持竞争优势。

建立基于数据分析的资源配置决策模型是优化资源配置的重要一环。借助数据分析,企业可以实时监测市场变化,并在资源分配中做出更精准的决策。数据分析技术的应用使企业能够在复杂多变的市场环境中,及时捕捉到市场需求的变化趋势,并据此调整资源配置策略。这种实时的数据驱动决策不仅提高了资源配置的效率,也增强了企业应对市场变化的能力。

引入智能化工具和平台是提升资源配置精准度与效率的重要手段。人工智能与大数据分析技术的结合使企业在资源配置中能够更加精准地识别和满足市场需求。智能化工具的应用不仅提高了资源配置的效率,也减少了人为决策中的不确定性和偏差。这种技术驱动的资源配置模式为企业在数字经济时代的竞争中提供了新的发展动能。

通过构建互信机制和合作平台推动跨行业资源共享与合作,是提升资源配置综合效益的有效策略。在数字经济背景下,单一行业的资源往往难以满足复杂的市场需求,而跨行业的资源共享与合作能够有效弥补这一不足。通过建立互信机制,企业之间可以实现资源的高效流动和共享,从而提升整体资源配置的效益。

（三）动态调整方法

1.建立实时监控系统

通过实时监控系统,可以动态跟踪资源的使用情况,及时识别资源配置中的问题和瓶颈。这一系统不仅能够提供当前资源使用的准确数据,还能预测未来的资源需求趋势,从而为决策者提供有力的支持。这样,企业可以在资源配置上做到未雨绸缪,避免因资源短缺或过剩而导致的效率低下。

2.应用数据分析技术

通过定期评估市场需求变化,企业可以迅速调整资源配置策略,以适应新的市场环境。数据分析技术能够帮助企业识别市场趋势、消费者偏好以及竞争对手的动向,从而在资源配置上做出更为精准的决策。这种数据驱动的资源配置方式不仅提升了资源利用的效率,还增强了企业在市场中的竞争力。

3.实施灵活的资源调度机制

根据项目进展和优先级,企业需要动态调整资源分配,以确保资源能够在最需要的地方得到有效利用。这种灵活性要求企业应具备快速响应的能力,以便能够根据实际情况调整资源的分配方案。通过灵活的资源调度,企业不仅可以提高资源的利用效率,还可以更好地支持项目的顺利推进,确保企业战略目标的实现。

4.制订应急预案

在数字经济时代,市场环境变化迅速,企业面临的风险和不确定性也在增加。通过制订应急预案,企业可以快速调整资源配置,确保业务的持续性与稳定性。制订应急预案需要考虑多种可能的突发情况,并为每种情况准备相应的资源调配方案。这不仅提高了企业的风险应对能力,还增强了企业在不确定环境中的生存能力。

第三节　数字经济与产业创新主体与生态

一、数字经济对产业创新主体行为的影响

（一）改变行为模式

数字经济的快速发展引发了产业创新主体行为模式的深刻变化。通过对数字技术的应用，企业在制定决策的过程中更加依赖数据分析工具，以实现决策的实时性。这种实时性使企业能够迅速响应市场变化，优化决策流程，提升市场竞争力。在此背景下，企业不再仅仅依靠传统的市场调研和经验判断，而是通过大数据分析获取市场动态信息，及时调整战略和战术，以适应瞬息万变的市场环境。

随着数字经济的深入，创新主体之间的跨界合作变得更加普遍。数字平台的出现为各行业之间的资源共享和协同创新提供了便利条件。企业通过数字平台，不仅能够打破行业壁垒，实现资源的最优配置，还能通过合作提升自身的创新能力。这种跨界合作不仅限于国内市场，还在全球范围内展开，并且形成了一个开放、协作的创新生态系统。通过这种方式，企业能够在竞争中寻求共赢，促进产业整体创新能力的提升。

在数字经济环境下，企业更加注重用户体验的提升。通过大数据分析，企业能够深入了解消费者的需求和偏好，并在产品和服务的设计上实现高度的个性化。这一变化不仅提高了消费者的满意度，还增强了企业的市场竞争力。与传统的产品开发模式相比，数字经济环境下的企业更倾向于以消费者为中心，快速更新产品和服务，以满足不断变化的市场需求。

开放式创新在数字经济中变得尤为重要。企业在研发过程中更加注重引入外部的知识和技术，以增强自身的创新能力。数字经济为企业获取外部资源提供了便捷的途径。例如，企业通过开放的创新平台，能够与外部的科研机构、技术公司甚至竞争对手进行合作。这种开放式创新不仅加速了技术的更新，还推动了产业技术的进步。

（二）优化决策过程

在数字经济环境下，企业在制定决策的过程利用数据分析，能够迅速识别市

场变化并调整策略。这种依赖性使企业能够在瞬息万变的市场中保持竞争优势。通过对海量数据的分析,企业可以更准确地预测市场趋势,从而制定更具前瞻性的战略规划。这种数据驱动的决策模式不仅提高了企业的应变能力,还增强了其在市场中的地位。

数字化工具的广泛应用使企业的决策过程愈加可视化。这些工具帮助管理层更直观地理解数据,从而提升决策的科学性和准确性。例如,通过图表、仪表盘等可视化技术,管理者能够迅速抓住关键数据,形成直观的判断。这种可视化的决策过程不仅缩短了决策时间,还减少了因信息不对称导致的误判,进而提高了企业的管理效率和决策质量。

在数字经济的推动下,决策流程的自动化程度显著提高。人工智能和机器学习技术的应用减少了人为干预,使决策过程更加高效。通过智能算法,企业可以自动化地处理复杂的数据分析任务,并在较短时间内得出最优决策方案。这种自动化的决策流程不仅节省了人力资源,还降低了决策失误的风险,提升了企业的整体运营效率。

在数字经济背景下,企业的决策过程更加注重用户反馈。通过分析消费者行为数据,企业能够实时了解用户需求和偏好,优化产品和服务的设计。这种以用户为中心的决策模式不仅提高了客户满意度,还增强了企业的市场竞争力。通过数据驱动的用户反馈机制,企业能够不断改进其产品和服务,满足市场的动态需求。

二、数字经济背景下产业创新生态系统的构建与优化

(一) 生态系统的组成

生态系统的组成是一个复杂而动态的过程,涉及多个层面的交互与整合。首先,产业创新生态系统的参与主体包括企业、科研机构、政府、行业协会等。这些主体在生态系统中,通过协同合作形成创新合力。企业作为市场的驱动者和创新的实践者,往往在技术研发和市场应用中处于前沿。科研机构提供理论支持和技术突破,推动创新的深度发展。政府和行业协会通过政策引导和行业规范,确保生态系统的有序运行和持续优化。

其次,生态系统中信息流动的高效性是其成功的关键所在。信息的快速流动和共享确保了各参与主体之间能够及时共享数据和资源,这种动态的信息交换推

动了创新活动的顺利进行。在数字经济的背景下,信息技术的发展使数据的获取和处理更加便捷,各主体之间通过数字平台实现了无缝对接。这不仅提高了创新效率,也为生态系统的各方带来了新的合作机会和发展空间,从而促进了创新成果的快速转化。

再次,在生态系统内,知识共享机制是推动技术快速传播与应用的重要途径。通过开放式创新,各主体能够在更大范围内获取和利用知识资源,提升整体创新能力。开放式创新打破了传统的组织边界,使知识的流动更加自由和高效。这种机制不仅加速了技术的迭代更新,也为企业和科研机构提供了更多的创新灵感和发展方向,进而提升了整个生态系统的创新活力。

最后,政策支持环境在产业创新生态系统中扮演着重要角色。政府通过制定相关政策和激励措施,营造良好的创新氛围,促进各方参与。这些政策包括税收优惠、资金支持、知识产权保护等,旨在降低创新风险,激发创新活力。同时,政府通过构建创新平台和孵化器,提供基础设施支持,帮助中小企业和初创公司克服创新初期的困难,增强其在生态系统中的竞争力和影响力。

(二) 生态系统的动态平衡

产业创新生态系统的动态平衡不仅涉及技术和市场的双重进步,还关乎各个主体之间的协同创新能力。通过有效整合资源,不同参与者能够在技术进步和市场应用方面相互促进,形成一个良性循环的创新环境。协同创新能力的提升需要各主体在生态系统中找到自己的角色和定位,最大化地发挥各自的优势,推动整体系统的创新效率和成果转化率。

在构建生态系统的动态平衡机制时,定期评估各方的贡献和资源分配是至关重要的。这种评估机制不仅能确保利益的公平共享,还能增强各方的参与积极性和合作意愿。通过透明的评估标准和过程,生态系统内的各主体能够更加明确自身的贡献和收益,在资源分配上达成共识,减少潜在的冲突与摩擦。这种机制的建立有助于形成一个稳定且具有持续创新能力的生态系统。

信息流通的高效性是确保生态系统内各主体能够实时共享和反馈数据的关键。高效的信息流通不仅能提升决策的科学性和及时性,还能促进各主体之间的信任与合作。通过建立健全的信息共享平台,各参与主体可以在数据的基础上进行深入分析和决策,并且提高整体系统的反应速度和灵活性。

生态系统的适应能力在外部环境变化时显得尤为重要,因此各主体应灵活调整策略,以保持整体生态的稳定性与活力。另外,在面临市场需求变化、技术更新甚至政策调整时,生态系统内的各主体需要具备快速响应和调整的能力。通过增强适应能力,生态系统可以在不确定性中保持竞争力,并在变化中寻求新的发展机遇。

(三) 生态系统的资源流动

资源的动态流动机制确保了各方资源能够及时满足市场需求,从而提高整个生态系统的响应速度和灵活性。实时数据分析不仅有助于资源的合理配置,还能帮助企业在动态市场环境中做出精准的决策,进而提升其竞争力。通过这种方式,资源流动不仅包括物质的交换,也包括信息与价值的传递。

资源流动的多元化渠道是实现高效传播与共享的关键。在数字经济时代,线上平台、合作网络和行业联盟等成为资源流动的重要载体。这些渠道的多元化不仅拓宽了资源获取的途径,还增强了资源共享的广度和深度。通过线上平台,企业能够快速获取市场信息和技术支持;合作网络和行业联盟为企业间的资源共享和协同创新提供了坚实的基础。

在生态系统中,信息流动的透明性是提升决策效率与协同能力的基础。确保各参与主体能够实时获取资源状态与使用情况,是构建高效生态系统的关键。信息透明化不仅有助于减少信息不对称带来的误判,还能提高资源使用的效率和安全性。通过透明的信息流动机制,企业能够更好地进行资源调配和战略调整,从而在激烈的市场竞争中占据有利位置。

资源流动与创新活动之间存在着密切的互动关系。有效的资源流动能够激发创新能力,推动新技术与新模式的实施。通过资源的高效流动,企业能够更快速地进行技术研发和产品创新,进而在市场中获得先机。资源流动的高效性直接影响创新活动的质量和速度,因而它是产业创新生态系统建设中的重要环节。

生态系统内的资源流动监测机制是确保其可持续发展的保障。通过定期评估资源的使用效率,生态系统的管理者能够及时调整资源配置策略,以适应不断变化的市场环境。这种监测机制不仅有助于发现资源流动中的瓶颈和问题,还能为未来的资源配置提供科学依据。通过对资源流动的持续监测和优化,可以确保生态系统在数字经济浪潮中保持活力和可持续性发展。

三、数字经济背景下产业创新主体间的协同与竞争

(一)协同创新机制

1.建立跨界合作平台

通过促进不同行业和领域的创新主体之间的资源共享与协作,可以实现技术和知识的快速转化。这种跨界合作不仅打破了传统行业的界限,也为新兴技术的应用提供了广阔的舞台。平台化的合作机制有助于资源的高效配置,使各方能够在共同的目标下实现创新突破。这种机制的建立需要政策支持和技术保障,以确保合作的顺利进行和成果的有效转化。

2.推动开放式创新

通过引入外部资源和智慧,企业能够在产品研发和市场响应方面表现出更高的灵活性与适应性。开放式创新不仅有助于企业引入外部的创新思维和技术,还能促进内部创新文化的形成。企业在开放式创新过程中,需要建立有效的管理机制,以保护核心知识产权,同时又能充分利用外部资源的优势。这种创新模式在全球化的背景下显得尤为重要,因为它能够加速创新进程,提升企业的国际竞争力。

3.实施联合研发项目

通过鼓励企业与科研机构、高校等合作,可以共同攻克技术难题。这种合作模式不仅能够整合各方的优势资源,还能在技术研发的过程中,培养出具有实践经验的创新人才。联合研发项目的成功实施需要各方在目标设定、资源投入和利益分配上达成一致。同时,政府可以通过政策激励和资金支持,推动联合研发项目的顺利开展和创新成果的产业化应用。

4.建立创新成果共享机制

创新成果共享机制的建立需要在法律和制度层面予以保障,以确保各方的权益。在此过程中,透明的收益分配机制和合理的激励措施可以有效激发各方的创新积极性。这种机制有助于形成良性的创新生态,促进整个产业的持续发展和升

级。通过创新成果的共享,各方不仅能获得经济收益,还能在技术积累和能力提升上实现双赢。

(二)合作伙伴关系

在数字经济时代,企业面临的市场环境复杂多变,单靠自身力量往往难以快速响应市场需求。因此,通过与其他企业建立合作伙伴关系,企业能够更好地整合内部外部资源,形成合力,共同应对市场挑战。这种合作不仅限于同一行业内部,还包括跨行业的协作,从而实现更广泛的创新和发展。

推动跨行业合作是实现协同创新的重要手段。虽然各行业拥有不同的专长和资源,但通过跨行业合作,可以实现资源的最优配置和创新能力的最大化。跨行业合作能够突破传统行业界限,利用各自的优势进行互补,提升产品和服务的多样性。在数字经济的推动下,跨行业合作变得更加便捷和高效。企业通过数字平台可以快速找到合适的合作伙伴,开展联合创新项目。

与科研机构的合作是加速新技术研发与应用的关键。科研机构在技术研发和创新方面具有独特的优势。企业通过与科研机构合作,不仅能够获取前沿的技术支持,还能在技术创新过程中获得更多的知识积累和经验分享。这种合作关系能够推动产业升级,使企业在激烈的市场竞争中保持技术领先地位,并不断推出创新产品和服务。

发展开放式平台能够吸引第三方合作伙伴参与,共同开发新产品和服务,增强市场竞争力和创新能力。在数字经济时代,开放式平台为企业提供了一个开放的生态系统,能够吸引不同领域的合作伙伴参与其中。通过开放式平台,各方可以共享技术、资源和市场信息,形成协同效应,推动创新成果的快速转化和市场化。这种合作模式不仅提升了企业的市场竞争力,还促进了整个行业的创新生态建设,为产业的可持续发展提供了动力。

(三)竞争策略的调整

在数字经济时代,企业必须随着市场环境的变化不断调整竞争策略。数字技术的迅速发展为企业提供了新的工具和方法,使其能够更精准地分析市场数据,优化市场定位。通过深入的数据分析,企业可以更好地理解客户需求,进而调整产品和服务,以增强其竞争优势。这种基于数据的策略调整可以帮助企业更快地响应市场变化,提高客户满意度和忠诚度,最终在激烈的市场竞争中脱颖而出。

　　数字化转型是企业提升运营效率和降低成本的重要手段。在数字经济背景下，企业通过引入先进的数字技术，可以实现业务流程的自动化和智能化，从而大幅提升运营效率。这种效率的提升不仅体现在生产和供应链环节，还体现在管理和决策过程的优化上。通过降低运营成本，企业能够在价格竞争中占据优势，使其产品和服务在市场上更具吸引力。此外，数字化转型还为企业提供了更大的灵活性，使其能够快速适应市场变化。

　　在瞬息万变的市场环境中，实施灵活的市场策略是企业保持竞争力的关键。数字经济赋予企业实时获取市场反馈的能力，使其能够迅速调整营销和销售策略。这种灵活性不仅有助于企业在市场竞争中保持领先地位，还能帮助其更好地满足客户的动态需求。通过灵活的市场策略，企业可以更有效地利用市场机会，规避潜在的风险，实现可持续发展。

第四节　数字经济与产业创新平台的构建

一、数字经济背景下产业创新平台的类型

(一) 技术型平台

　　技术型平台通过集成先进的技术工具和资源，为企业提供所需的技术支持和解决方案，进而推动产业创新和效率的提升。这些平台不仅是技术的集合体，也是创新的催化剂。它们通过提供高效的技术服务和支持，帮助企业在激烈的市场竞争中保持领先地位。技术型平台的出现使企业能够更快速地适应市场的变化。

　　在技术型平台的运作中，技术标准化是一个关键因素。通过确保不同系统和应用能够无缝对接，技术型平台促进了数据的共享和资源的整合。这种标准化的技术环境使企业能够更高效地利用现有资源，并减少因系统不兼容而导致的问题。这不仅提升了企业内部的运营效率，也为跨企业的合作创造了更多的可能性。在这种环境下，企业可以更加专注于核心业务的创新，而非技术问题的解决。

　　技术型平台利用大数据分析和人工智能技术，为企业提供智能决策支持。这些技术手段使企业能够更精准地把握市场动向，并快速调整战略以应对变化。通过对海量数据的分析，企业可以获得更深刻的市场洞察，从而制定出更具针对性的策略。这种智能化的决策支持不仅能提高企业的反应速度，也增强了其在市场

中的竞争力。

此外,技术型平台注重技术研发与应用的协同,以促进企业与科研机构之间的合作。通过这种协同关系,技术型平台能够加速技术的转化与市场应用,使创新成果能够更快地进入市场。这种合作模式不仅推动了技术的快速发展,也促进了产业链上下游的紧密联系。

(二)服务型平台

服务型平台通过精准分析客户需求,提供量身定制的服务方案,帮助企业在激烈的市场竞争中脱颖而出。它们通过灵活的服务模式,适应不同规模和行业的企业需求,确保企业能够快速响应市场变化,保持竞争优势。

服务型平台集成了多种服务功能,如数据分析、技术支持和市场推广,促进企业的综合发展和竞争力提升。数据分析功能帮助企业深入洞察市场趋势和消费者行为,制定科学的战略决策。技术支持为企业提供了强大的后盾,确保平台的稳定运行和技术创新。市场推广功能通过多渠道的营销策略,帮助企业扩大市场影响力和品牌知名度。

用户交互是服务型平台的核心,它通过用户反馈和数据分析不断优化服务内容,提升用户体验和平台的适应性。平台通过多样化的交互方式,收集用户的使用习惯和反馈意见,快速更新服务内容,确保用户始终获得最佳的使用体验。用户体验的提升不仅增强了客户忠诚度,还为平台吸引了更多潜在用户,形成良性循环。

服务型平台为企业提供了广阔的合作空间,推动了产业链的协同发展。通过平台,企业可以共享技术、市场和客户资源,形成合力,共同应对市场挑战。这种合作模式不仅提高了资源利用效率,还加速了创新成果的转化和应用,推动了整个产业的持续发展。

(三)资源型平台

在全球化竞争日益激烈的背景下,资源型平台的出现为企业提供了重要的战略支撑。通过有效整合和优化配置资源,企业可以更好地应对市场变化,快速调整战略以保持竞争优势。这种平台不是资源的简单聚集,而是一个复杂的生态系统,能够为企业创新提供持续动力。

在设计资源型平台时,注重资源的高效配置至关重要。平台需要确保企业能够根据需求灵活获取所需资源,进而降低运营成本。资源的高效配置不仅提高了企业的运营效率,还能帮助企业在资源有限的情况下实现最大化的效益。这种灵活性使企业能够在瞬息万变的市场环境中迅速做出反应。通过合理配置资源,企业可以实现精细化管理,提高资源利用率,降低不必要的浪费,从而在竞争中立于不败之地。

资源型平台鼓励企业之间进行资源共享与合作,以提高整体产业链的竞争力。在这种平台上,企业可以通过合作获得更大的市场份额和技术支持。共享经济的核心在于通过资源的共享和优化使用,降低成本并提高效率。企业之间的资源共享不仅可以减少重复投资,还能通过协同效应实现 $1+1>2$ 的效果。这种合作模式促进了企业之间的信任和互利共赢,为整个产业链的健康发展奠定了基础。

先进的信息技术在资源型平台中的应用有助于实现对资源的实时监控和管理,进而提升资源使用的透明度和效率。通过信息技术,企业可以对资源的流动和使用情况进行实时跟踪和分析,从而做出更科学和高效的决策。资源的透明化管理不仅提高了企业内部的管理效率,也增强了企业之间的信任度。这种技术的应用减少了资源浪费,提升了整体的运营效能。

资源型平台通过建立合作网络,促进不同企业和机构之间的互动与协作,推动创新生态系统的形成与发展。合作网络的建立使企业能够在一个更开放和互联的环境中进行创新活动。通过与其他企业和机构的合作,资源型平台能够有效地整合各方的优势,形成一个互利共赢的创新生态系统。这种生态系统不仅支持企业的个体发展,也推动了整个产业的创新和进步,同时为数字经济时代的产业升级提供了强有力的支持。

二、数字经济背景下产业创新平台的构建策略

(一)平台架构设计

在数字经济时代,产业创新平台的架构设计至关重要。设计平台架构时需要采用模块化设计,因为这种设计理念有助于各功能模块的独立开发与更新,显著提升系统的灵活性与可维护性。换言之,通过模块化设计,平台不仅能够快速响应市场需求的变化,还能在技术更新迭代时,减少对整个系统的影响,确保平台的持续发展和稳定运行。模块化设计在提高开发效率的同时,也为后续的功能扩展

和优化提供了便利。

为了实现不同系统之间的无缝对接与信息共享,平台架构应支持多种数据格式和协议。这种设计增强了系统的互操作性,使信息在不同系统间自由流动。在数字经济的推动下,跨平台的数据共享和协作成为产业创新的关键要素。支持多种数据格式和协议的架构设计不仅提升了平台的兼容性,还为企业间的合作提供了技术保障,推动了产业链的协同发展和资源的优化配置。

高可用性设计是平台架构的重要方面。通过负载均衡和冗余机制,平台能够确保系统的稳定性和连续性,并且满足业务需求。高可用性设计在应对突发流量和系统故障时尤为关键,它通过合理分配资源和建立冗余备份,确保系统在任何情况下都能保持高效运行。这种设计不仅提升了用户体验,还增强了平台的可靠性和抗风险能力。

(二) 平台数据管理与分析能力的提升

在数字经济时代,数据成为驱动创新的重要资源。因此,平台必须建立高效的数据管理系统,以支持多种数据源的接入与整合。这不仅包括传统的结构化数据,还包括非结构化数据和半结构化数据的处理。系统应具备灵活的架构,以应对数据的多样性和复杂性,确保数据的及时更新与准确性,从而为创新活动提供坚实的数据基础。

为了进一步提升数据质量,平台应采用先进的数据清洗与预处理技术。这些技术能够有效消除数据中的冗余和错误信息,确保数据的完整性和一致性。通过对数据进行清洗,平台可以提高数据的可信度和可靠性,为后续的分析工作奠定坚实的基础。此外,预处理技术还能够对数据进行标准化和规范化处理,以使其更适合各种分析工具的应用,从而提升数据分析的效率和效果。

在数据分析方面,平台需要引入先进的数据分析工具,如充分利用机器学习和人工智能技术。这些技术能够对大数据进行深入挖掘,揭示隐藏在海量数据中的模式和趋势,并为产业创新提供智能决策支持。通过机器学习算法,平台可以实现对历史数据的学习和预测,并且为企业提供前瞻性的洞察和建议。同时,人工智能技术的应用可以自动化复杂的数据分析过程,提高分析的速度和准确性。

为了使数据分析结果更具可操作性,平台应建立数据可视化机制。通过将复杂的数据分析结果转化为直观的图表和报告,平台可以帮助决策者更好地理解和应用数据分析的成果。数据可视化不仅能够提升信息传递的效率,还可以增强决策者的洞察力,使其能够更快地识别问题和机会,从而做出更明智的决策。这种能力的提升对数字经济背景下的产业创新至关重要。

三、数字经济背景下产业创新平台的盈利机制

(一) 收费模式

1.按需付费模式

按需付费模式是根据用户实际使用的服务和资源进行收费的模式。这种模式灵活性高,能够有效吸引对平台特定功能或服务有较高需求的用户。

2.订阅制收费模式

在订阅制收费模式中,用户通过支付定期费用获得持续访问平台的权限,因而这种模式特别适用于长期使用平台服务的客户。订阅制不仅能够为平台提供稳定的收入来源,还可以增强用户的黏性,促使用户在平台上养成长期的使用习惯。此外,订阅制收费模式也有助于平台进行长期规划和服务优化,以更好地满足用户的需求。

3.增值服务收费模式

增值服务收费模式是通过提供基础服务之外的高级功能或个性化服务来实现盈利的模式。这种模式不仅拓展了平台的收入来源,还能够通过提供差异化服务提升用户的满意度和忠诚度。在竞争激烈的市场环境中,增值服务收费模式可以帮助平台在同类产品中脱颖而出,吸引更多高端用户。

4.交易佣金模式

交易佣金模式是指在平台上进行交易或合作时,平台方收取一定比例的佣金作为服务费用的模式。这种模式能够有效激励平台活跃度,鼓励用户进行更多的交易和合作。交易佣金模式的优势在于其直接与平台的交易量挂钩。此外,这种模式也能够促进平台生态的建设,形成良性循环。

(二) 广告收入

广告收入通过为企业提供广告展示机会,帮助其提升品牌知名度和市场曝光

率。广告收入在促进平台生态系统的活跃度和用户参与度方面发挥着重要作用。通过广告收入,平台能够吸引更多的企业和用户加入,从而形成一个良性循环,进一步增强平台的市场竞争力。

在数字经济背景下,产业创新平台可以利用精准的用户数据分析,向广告主提供定向广告服务,实现广告投放的高效性和有效性。通过对用户行为、兴趣和偏好的深入分析,平台能够为广告主提供更具针对性的广告投放方案。这不仅提高了广告的转化率,也增加了广告主的投资回报率,使广告主更愿意在平台上进行广告投放。精准广告服务的实施进一步巩固了平台在数字经济时代的竞争优势。

平台内的广告收入可以通过多种形式实现,如横幅广告、视频广告和赞助内容等。在数字经济的驱动下,广告形式的多样化为平台带来了更多的盈利可能性。横幅广告作为传统的广告形式,仍然在平台中占据重要地位;视频广告和赞助内容为广告主提供了更多的创意空间和互动机会。广告形式的多样化不仅满足了广告主的多元化需求,也为平台创造了更多的收入渠道。

广告收入不仅为平台提供了可持续的盈利模式,还能提升平台内的用户活跃度和参与度,形成良性循环。通过广告收入,平台能够为用户提供更优质的服务和体验,从而吸引更多的用户加入。这种用户增长又进一步吸引了更多的广告主,从而增加了广告收入,实现了平台的可持续发展。

通过与广告主的合作,平台可以整合资源,开展联合营销活动,进一步拓展广告收入的来源和形式。在数字经济背景下,通过资源整合和优势互补,平台可以为广告主提供更具价值的营销方案。联合营销活动的开展不仅给平台带来了更多的广告收入,也增强了平台与广告主之间的合作关系。

(三) 数据变现

数据变现是指通过有效利用数据资源,实现商业价值的转化。这一过程涉及将大量数据转化为有价值的信息,并进一步将其应用于商业决策和市场策略的制定。数据变现的重要性在于它不仅为企业提供了新的收入来源,还促进了企业在数字经济时代的竞争力提升。通过对数据的深度挖掘和分析,企业能够更精准地了解市场动态和消费者需求,并在激烈的市场竞争中占据优势地位。数据变现已经成为现代企业发展战略中的重要组成部分,它的有效实施能够显著提升企业的经济效益和市场影响力。要实现数据变现,需要做到以下三点。

其一,进行数据产品的开发。企业需要将收集到的原始数据转化为可供市场销售的产品或服务,这需要企业对数据进行系统的处理和分析。开发数据产品的过程通常包括数据的清洗、整理、分析和建模,以便提取出能够满足市场需求的信息或解决方案。成功的数据产品开发不仅能够为企业带来直接的经济收益,还可以通过提高客户满意度和忠诚度,间接提升企业的市场地位。随着数据技术的不断进步,企业在数据产品开发方面的创新能力将成为其在数字经济时代的重要竞争优势。

其二,提供数据分析服务。数据分析服务作为一种高附加值的服务形式,已成为企业实现数据变现的重要手段。通过数据分析,企业可以为客户提供决策支持和市场洞察,帮助客户更好地理解市场趋势和消费者行为。数据分析服务的核心在于利用先进的数据分析工具和技术,为客户提供个性化和可操作的建议。这不仅能够增强客户对企业的依赖性,还可以通过提高客户的业务绩效,进一步巩固企业与客户之间的合作关系。

其三,建立数据共享与合作模式。数据共享与合作不仅能够降低企业获取数据的成本,还可以通过整合不同来源的数据,提升数据分析的深度和广度。这种模式需要企业在合作中建立信任机制,并在数据共享的过程中确保数据的安全性和隐私性。通过与其他组织共享数据,企业可以创造新的商业机会,并在更大范围内实现数据的价值。通过数据共享与合作,企业可以在数字经济时代构建更加开放和互利的商业生态系统。

第三章　基于数字经济的产业结构与布局优化

第一节　基于数字经济的产业结构优化

一、基于数字经济的产业结构高级化发展

数字经济通过智能化技术的应用,极大地提升了产品的附加值。智能化技术不仅包括人工智能和机器学习,还包括物联网和大数据分析等前沿技术。这些技术的融合,能够使企业在产品研发、生产、销售等各个环节实现智能化操作,从而提高产品的市场竞争力。通过智能化手段,企业能够更好地满足市场对高附加值产品的需求,使产品在市场中占据更有利的位置。

数字化平台的广泛应用,使价值链各环节的实时监控与优化成为可能。企业通过数字化平台,可以对生产、物流、销售等环节进行全方位的监控和数据采集。这种实时监控不仅能提高企业的运营效率,还能通过数据分析及时发现问题并进行调整,确保各环节的高效运转。数字化平台的应用,使企业能够在复杂多变的市场环境中保持灵活性和竞争优势。

数字经济的兴起,极大地促进了个性化定制和灵活生产模式的实现。通过数字化技术,企业可以根据消费者的个性化需求进行产品设计和生产,实现大规模的个性化定制。灵活的生产模式不仅满足了消费者的多样化需求,还降低了企业的库存压力和生产成本。数字经济为企业提供了更多的生产和经营模式选择,使企业能够在激烈的市场竞争中脱颖而出。

通过数字化转型,企业能够更有效地进行资源整合与协同创新。数字化转型不仅是技术的升级,也是企业管理模式和商业模式的变更。通过数字化手段,企业可以打破传统的组织边界,实现资源的高效整合和共享。协同创新成为可能,企业能够通过与外部合作伙伴的协作,形成创新生态圈,共同推动产业的发展。这种资源整合与协同创新的模式,为企业带来了新的增长动力和发展机遇。

二、基于数字经济的产业结构智能化发展

(一) 智能化技术应用

智能化技术在生产流程中的应用不仅提高了生产效率,也显著提升了产品质量。通过自动化设备和智能系统的协同运作,企业能够实现更高效的生产管理,减少人为错误的发生,并在产品质量控制上达到新的高度。与传统生产方式相比,智能化生产流程能够更灵活地响应市场需求变化,快速调整生产计划,从而在竞争激烈的市场环境中占据优势。

物联网技术的引入为设备的实时监控与维护提供了全新的解决方案,显著降低了设备故障率。通过传感器和网络技术的结合,企业可以实时获取设备运行状态的数据,并进行分析和预测,提前发现潜在问题。这种预防性维护策略不仅缩短了设备停机时间,还降低了维护成本,提高了企业的生产连续性和稳定性。此外,物联网技术的应用还促进了设备间的互联互通,形成了智能化的生产网络。

在市场分析中,人工智能算法的应用提升了决策的精准度。通过大数据分析和机器学习模型,企业能够更准确地预测市场趋势、消费者需求及竞争对手动向。人工智能技术不仅加快了数据处理速度,还提高了分析结果的可靠性,从而为企业的战略决策提供了强有力的支持。这种基于数据驱动的决策方式,使企业能够在复杂多变的市场环境中保持敏捷性和竞争力。

智能机器人在物流管理中的应用,极大地优化了仓储与配送流程。通过自动化分拣、搬运和装卸,智能机器人提高了物流效率,降低了人力成本,并降低了出错率。仓储系统的智能化改造,使库存管理更加精准,减少了库存积压和浪费。配送环节的智能化调度,确保了货物的快速准确送达,提升了客户满意度和企业竞争力。

(二) 智能制造体系构建

智能制造体系集成了物联网、人工智能和大数据等新兴技术,实现生产过程的智能化和自动化。这一体系的构建不是技术的简单叠加,而是对传统制造流程的深刻改变。通过将物联网技术应用于生产线,企业可以实时监控设备和产品状态;人工智能技术则用于优化生产调度和质量控制;大数据分析技术帮助企业从海量数据中提取价值信息,从而实现生产的精准化和高效化。这些技术的融合,

推动了制造业从传统的劳动密集型向技术密集型转变,提升了整个产业的竞争力。

智能制造体系的一个重要特征是数字化双胞胎技术的应用。通过数字化双胞胎技术,企业能够在虚拟环境中模拟和优化生产流程,提高效率和降低成本。这一技术使企业可以在产品设计阶段就进行详细的模拟和测试,发现潜在问题并进行优化,降低了试错成本。在生产过程中,数字化双胞胎可以实时反馈生产数据,帮助企业调整生产策略,优化资源配置。这种虚实结合的模式,不仅提高了生产效率,还显著降低了生产成本,使企业在激烈的市场竞争中占据优势。

智能制造体系支持实时数据采集与分析,使企业能够快速响应市场变化,提升灵活性和适应性。在当今快速变化的市场环境中,企业必须具备快速响应能力,以应对不断变化的市场需求和客户偏好。通过实时数据采集,企业可以及时获取市场动态、消费者反馈和竞争对手动向,进而调整产品策略和市场策略。数据分析则能够帮助企业洞察市场趋势,预测未来需求,制订科学的生产计划和营销策略。这种基于数据驱动的决策模式,使企业能够在变化中保持稳定,在竞争中保持领先。

构建智能制造体系需要跨部门协作,确保信息流、物流和资金流的高效整合与协同。智能制造不仅是技术的应用,还是企业内部管理模式的变更。各部门之间的协同合作是智能制造体系成功实施的关键。信息流的高效传递,确保了各部门之间的信息共享和沟通;物流的优化管理,保证了生产物料的及时供应和产品的快速交付;资金流的合理配置,支持了智能制造技术的持续投入和创新。这种跨部门的协同合作,形成了一个高效、灵活的企业运作体系,有利于智能制造的实施。

三、基于数字经济的产业结构多元化发展

(一)跨界融合与产业多元化发展

在数字经济时代,企业能够通过跨界合作实现技术与市场的互补,提升核心竞争力。技术的快速迭代和市场需求的变化要求企业不断创新,而跨界合作提供了实现这一目标的有效途径。通过与不同行业的合作,企业可以获得新的技术资源和市场渠道,从而在激烈的市场竞争中保持领先地位。此外,这种合作形式还能够加速新产品和服务的开发,缩短产品上市时间,提升企业的市场响应能力。

　　产业多元化发展使企业能够降低市场风险,提升抗风险能力,提高可持续发展潜力。多元化不仅分散了企业的经营风险,还为企业提供了更多的市场机会。在数字经济背景下,企业可以利用大数据、云计算等技术手段,准确把握市场趋势,调整自身的产业布局。通过在不同产业间的投资和布局,企业可以在某一产业面临挑战时,通过其他产业的收益来弥补损失,从而保持整体的稳定性和增长。

　　跨界融合能够为企业开辟新的市场空间,推动产品和服务的多样化,满足消费者的个性化需求。在数字经济时代,消费者的需求变得更加多样化和个性化。企业通过跨界融合,可以开发出更加丰富的产品和服务组合,以满足不同消费者的需求。例如,传统零售行业与电子商务的结合,不仅拓宽了销售渠道,还丰富了消费者的购物体验。这种多样化的发展策略使企业能够更好地适应市场变化,提升客户满意度和忠诚度。

(二)数字生态系统推动新兴产业集群

　　通过平台化的方式,数字生态系统促进了企业间的协同与资源共享,形成创新的产业集群。这种平台化模式不仅降低了信息不对称,还增强了企业之间的互动与合作,推动了产业集群的形成与发展。在数字生态系统的支持下,企业能够更有效地利用共享资源,实现产业链的协同效应,提升整体竞争力。同时,企业在这种开放的生态环境中,能够更迅速地响应市场变化,满足消费者的动态需求。

　　新兴产业集群在数字生态系统中实现了信息流、资金流与物流的高效整合,极大地提升了整体竞争力。数字生态系统通过提供先进的信息技术基础设施,使企业能够在一个集成化的平台上进行数据交换与分析,优化资源配置。此外,资金流的优化使企业能够更快捷地获得资金支持,促进技术创新与产品开发。物流的高效整合则确保了产品能够快速进入市场,满足消费者的需求,提升了产业集群的市场反应能力。

　　数字生态系统为新兴产业集群提供了灵活的市场环境,使企业能够快速适应市场变化与消费者需求。在这个动态的市场环境中,企业需要不断调整自身的运营策略以保持竞争优势。数字生态系统通过实时的数据分析与市场监测,帮助企业识别市场趋势与消费者偏好,从而制定更加精准的市场策略。这种灵活性不仅提高了企业的市场竞争力,也促进了整个产业集群的快速发展与升级。

　　通过大数据分析,数字生态系统能够识别新兴产业集群中的发展机遇,推动技术创新与产业升级。大数据技术的应用使企业能够深入挖掘市场数据,发现潜在的商业机会与技术创新点。企业可以利用这些数据优化产品设计与服务流程,提升用户体验。数据分析还可以帮助企业预测市场需求,提前布局,抢占市场先机,从而在激烈的市场竞争中占据有利位置。

(三)共享经济模式促进产业多样化

共享经济通过资源的高效利用,降低了企业的运营成本,使企业在资源获取和使用上更加灵活。这种灵活性不仅有助于企业在竞争激烈的市场中站稳脚跟,还有利于促进新兴产业的发展。通过共享经济,企业能够以较低的成本尝试多种业务模式和产品线,从而实现产业结构的多元化发展。这种模式的兴起,标志着传统产业结构向更加开放和多样化的方向转变。

共享经济的另一个显著优势在于其对市场需求变化的快速响应能力。企业在共享经济平台的支持下,可以迅速调整产品和服务的供给,以满足不断变化的市场需求。这种快速响应机制不仅增强了企业的市场竞争力,也推动了整个行业的灵活性和适应性。共享经济使企业能够通过创新的商业模式与其他行业进行合作,形成新的商业生态。这种跨行业的合作与创新,为产业的多元化发展提供了新的动力与方向。

共享经济平台的出现,为企业提供了实现跨行业合作的机会,进而形成新的商业生态。这种跨行业的合作不仅推动了创新,也促进了多元化发展。在共享经济模式下,企业不仅可以共享资源,还可以共享信息和技术,从而实现更高层次的合作。通过这种合作,企业能够打破行业壁垒,形成新的商业模式和产业链,推动产业结构的进一步优化和多元化。这种合作模式为企业提供了更多的创新空间和发展机会。

共享经济的核心在于闲置资源的合理配置,这为新兴产业的崛起提供了有力支持。通过共享经济模式,企业能够更有效地利用闲置资源,提高资源使用效率。这不仅降低了企业的运营成本,还为新兴产业提供了发展的空间和机会。共享经济为资源紧缺的企业提供了新的解决方案,使其能够在资源有限的情况下实现产业多元化发展。这种资源配置的优化,有利于新兴产业的快速崛起。

共享经济模式鼓励消费者的积极参与,推动了个性化服务的提供,满足了多样化的市场需求。在共享经济模式下,消费者不仅是产品和服务的接受者,也是服务提供的参与者。消费者参与的增加,使企业能够更好地了解市场需求,提供更加个性化和多样化的服务。这种双向互动的模式,不仅提高了消费者的满意度,也为企业的多元化发展提供了新的思路和方向。

第二节 基于数字经济的产业布局优化

一、数字经济对产业空间布局的重塑

（一）空间资源的数字化管理

在数字经济的推动下，空间资源的管理方式发生了深刻的改变。通过云计算技术，空间资源的数字化管理得以实现实时监控与调度，这显著提高了资源利用效率。云计算的强大计算能力和存储能力，使大量空间数据得以快速处理和分析，确保资源在不同时间和空间的最佳配置。此外，实时监控功能使管理者能够及时发现问题并进行调整，从而减少资源浪费和提高运营效率。

地理信息系统（Geographic Information System，GIS）在空间资源管理中发挥着重要作用。通过 GIS 技术，空间资源可以进行可视化管理，这不仅增强了资源管理的直观性，还提高了决策支持能力。管理者可以通过 GIS 界面直观地观察资源分布情况，进行空间分析和模拟预测，从而制订更加科学合理的产业布局方案。此外，GIS 技术还支持多维数据的集成与分析，为复杂的空间决策提供了强有力的技术支持。

数字化管理平台的建立促进了不同区域资源的共享与协作，从而优化了产业布局。通过信息技术的支持，各区域之间可以实现资源的无缝对接和协同运作，打破了传统的区域资源壁垒。这使资源的跨区域调配更加高效，产业链的上下游衔接更加紧密，为区域经济的协调发展奠定了基础。共享与协作机制的建立，不仅提升了资源的整体利用效率，还促进了区域间的经济互补与合作。

通过数据分析技术，管理者能够识别空间资源使用中的瓶颈问题，并提供改进建议。大数据分析工具能够对空间资源的使用情况进行深入挖掘，揭示潜在的问题和优化空间。例如，通过分析各类资源的使用频率和效率，可以发现哪些资源存在闲置或过度使用，从而为资源配置的优化提供数据支持。基于数据分析的改进建议，能够帮助管理者在资源配置中做出更具前瞻性的决策。

（二）产业空间的智能化配置

智能化配置依托大数据技术，实现了对各类资源的最优分配，使得产业空间的配置不再是静态的,而是一个动态调整的过程,能够迅速适应市场的变化。通过先进的数据分析技术,产业空间的动态调整成为可能,极大地提高了资源使用效率和市场响应速度。数据分析不仅能够实时反映市场需求的变化,还能够预测未来趋势,从而使产业布局更加灵活和高效。

智能化配置的核心在于利用智能算法优化产业布局,通过这些算法,可以确保各种资源在空间上的合理分布,进而有效降低运输成本,提高整体经济效益。智能算法能够根据实时数据进行计算,找出最优的资源配置方案,确保企业能够在激烈的市场竞争中保持优势。此外,智能化配置还能够通过优化物流和供应链管理,提高企业的运作效率,增强其市场竞争力。

此外,智能化配置支持产业集群的形成,促进企业间的协同合作。通过智能化的空间配置,企业能够更紧密地联系在一起,形成一个高效的产业生态系统。这种集群效应不仅能够降低企业的运营成本,还能够通过协同创新提升整体竞争力。智能化配置使得企业之间的信息流动更加顺畅,资源共享更加高效,从而推动了整个产业的快速发展。

二、数字经济中的产业集群发展

(一) 产业集群的数字化转型

通过数字化转型,产业集群能够实现资源的高效整合,提升整体生产力和竞争力。数字化技术的应用不仅优化了资源配置,还通过智能化手段提高了生产效率。企业在数字化转型过程中,借助大数据分析、物联网和人工智能等技术,能够更精准地进行市场预测和生产规划,从而在激烈的市场竞争中占据有利位置。

数字化技术为产业集群提供了强大的实时数据分析能力,这种能力能够帮助企业快速识别市场需求的变化,进而优化生产与服务策略。通过对市场数据的深入挖掘和分析,企业能够更好地理解消费者行为和市场趋势,及时调整产品线和服务内容,以满足不断变化的市场需求。这种数据驱动的决策方式极大地提高了企业的市场响应速度和竞争优势。

通过建立数字平台,产业集群内的企业能够实现无缝的信息共享与协作。这种数字化平台不仅提高了企业间的沟通效率,还提升了其创新能力和市场响应速度。在数字平台的支持下,企业可以更加灵活地进行产品研发和市场推广,快速响应市场动态变化。这种协同效应使得整个产业集群能够更迅速地适应市场变化,保持持续的竞争力。

数字化转型还推动了产业集群内部的智能制造与自动化进程,从而提高了生产效率和产品质量。通过引入先进的自动化设备和智能制造系统,企业能够在保证产品质量的同时,显著缩短生产周期和降低生产成本。这种转型不仅提升了企业的生产能力,也增强了整个产业集群的整体竞争力。

(二)数字经济对集群协同的促进

通过构建数据共享平台,产业集群内的企业得以实现实时的沟通与协作,从而显著提高整体运营效率。在数字经济的支持下,数据共享平台不仅促进了信息的无缝流动,还使企业能够及时做出响应和调整。这种实时的协同能力在面对快速变化的市场环境时,显得尤为重要。企业间的有效沟通和协作,不仅减少了信息传递的延误和误差,也在很大程度上提高了集群整体的反应速度和决策质量。

区块链技术的应用为产业集群的协同提供了透明且安全的交易环境。通过区块链,企业间的交易流程得以透明化,每一个交易记录都可以被追溯和验证,这增强了企业间的信任和合作意愿。安全的交易环境减少了因信息不对称和信任不足引发的摩擦,推动了集群内企业的深度合作。企业在这种安全透明的环境中,能够更专注核心业务的发展,减少对交易安全的担忧,从而进一步促进了集群的协同效应。

智能化管理系统的普及,使得产业集群内的资源配置和生产调度更加高效。通过智能化系统,企业可以实现对资源的动态监控和优化配置,进而降低运营成本。这种高效的资源管理,不仅提高了生产效率,也为企业节省了大量的时间和人力成本。在智能化管理的支持下,企业能够更灵活地调整生产计划,以应对市场需求的变化,从而在激烈的市场竞争中占据有利位置。

三、数字经济下的城市与乡村产业协调发展

(一)城市产业数字化转型

城市产业数字化转型是当前推动城市经济发展的重要途径之一。通过引入智能制造技术,城市产业能够显著提高生产效率和降低生产成本,从而增强其在全球市场中的竞争力。智能制造技术的应用不仅优化了生产流程,还带来了自动化和智能化的生产模式,使得城市产业能够更快速地响应市场变化。此外,智能

制造技术的普及也推动了城市产业的升级换代,促使其向高端化、智能化方向发展,进一步增强了城市产业的国际竞争力。

利用大数据分析,城市产业可以实现对市场需求的实时监测。这种能力使得企业能够快速调整其生产和服务策略,以更好地满足客户的需求。大数据分析不仅能帮助企业识别市场趋势和消费者偏好,还能预测未来的市场变化,从而制订出更具前瞻性的战略规划。这种基于数据驱动的决策模式,提升了城市产业的市场适应能力,使其能够在竞争激烈的市场环境中保持灵活性和敏捷性。

数字化转型还促进了城市产业的绿色发展。通过优化资源配置和减少能源消耗,城市产业能够更高效地利用资源,减少对环境的负面影响,实现可持续发展的目标。数字化技术的应用使得企业能够更好地监控和管理其生产过程中的能源使用情况,从而在降低成本的同时,减少碳排放。这不仅符合全球绿色发展的趋势,也给城市产业树立了良好的社会形象,提升了其在绿色经济中的地位。

(二)乡村产业数字化赋能

乡村产业的数字化赋能是现代农业发展的重要方向,通过智能农业技术的应用,农业生产效率得以显著提高。智能农业技术包括精准播种、智能灌溉和无人机监测等,能够有效降低人力成本,优化资源配置。这些技术的应用不仅提高了农作物的产量和质量,还增强了农业生产的可持续性。此外,数字化技术的应用使得农业生产过程更加透明和可控,为农业生产的科学管理提供了数据支持。

在数字经济的推动下,乡村产业借助数字化平台实现了农产品的线上销售,极大地拓宽了市场渠道。通过电子商务平台,农产品可以直接面对消费者,减少中间环节,降低销售成本。这一变化不仅提高了农民的收入水平,也促进了乡村经济的发展。线上销售平台还为农民提供了市场反馈信息,使他们能够根据市场需求调整生产策略,提升产品竞争力。这种数字化销售模式的兴起,为乡村产业带来了新的发展机遇。

大数据分析在乡村产业中的应用,使其能够精准把握市场需求,优化生产结构。通过对市场数据的分析,农民可以预测市场趋势,合理安排生产计划,避免盲目生产造成的资源浪费。大数据技术的应用还可以帮助农民识别高附加值产品和市场空白点,从而调整种植结构,提高经济效益。借助大数据,乡村产业能够实现精细化管理,提高整体生产效率和市场响应能力。

数字化赋能还促进了乡村产业链的整合,推动了农业与旅游、文化等产业的融合发展。这种产业融合模式通过开发农业观光、农产品加工体验等项目,增加了乡村经济的多样性和活力。融合发展的产业链能够吸引更多的投资和人才,提升乡村的整体经济效益。这个过程不仅提高了乡村的经济水平,还为乡村振兴提供了新的路线和动力,有助于城乡协调发展。

(三) 城乡产业资源互补

数字经济的发展为城乡产业资源互补提供了新的机遇。通过共享农业技术与城市现代化管理经验,乡村地区能够有效提高生产效率,而城市则在食品安全方面获得了更高的保障。农业技术的共享使得乡村生产方式更加科学化,生产效率显著提高,从而为城市提供了更优质的农产品。这种双向的资源互补不仅提高了乡村经济的自我发展能力,也提高了城市的食品安全水平,从而形成了一种互利共赢的局面。

乡村丰富的自然资源与城市市场需求的结合,推动了农产品的多样化和质量的提升。这种结合不仅满足了城市消费者对高品质、多样化食品的需求,也为乡村带来了更多的经济收益。通过数字经济手段,乡村可以更精准地了解城市市场的需求变化,及时调整生产策略,优化产品结构,从而在竞争激烈的市场中占据一席之地。这种城乡经济的整体竞争力的提升,为区域经济的可持续发展奠定了坚实基础。

通过城乡合作,乡村旅游与城市消费的结合形成了新的经济增长点。乡村以其独特的自然和文化资源吸引城市游客,而城市则为乡村旅游提供了稳定的消费市场。这种结合不仅丰富了城市居民的消费选择,也给乡村带来了新的经济活力。数字经济的介入,使城乡合作更加紧密,旅游资源和消费需求的匹配更加精准,从而提升了城乡居民的生活品质与经济收益。这种新的经济增长模式,为城乡一体化发展提供了有力支撑。

(四) 城乡产业协同机制

1.建立城乡产业协同发展平台

通过建立城乡产业协同发展平台,可以实现资源、技术与信息的高效流通与共享,进而提升整体产业链的协同效应。这一机制不仅促进了城市与乡村之间的资源互补,还增强了两者在产业链中的竞争力。数字技术的应用,使得城乡之间的信息壁垒被打破,资源配置更加优化,进而推动了产业的高效发展。信息技术的进步也为城乡产业协同提供了新的工具和手段,使协同机制更加灵活和高效。

2.构建城乡产业联合创新机制

通过鼓励城市企业与乡村合作,能够有效推动新产品和新服务的共同研发与推广。城市企业在技术和市场方面具有优势,而乡村则拥有丰富的自然资源和劳动力资源,两者的结合可以形成强大的创新合力。这种联合创新不仅能够促进城乡产业的升级换代,还能为城乡经济带来新的增长点。在数字经济背景下,创新机制的构建需要依托信息技术和数据分析,以确保创新活动的精准性和高效性。

3.政策引导

通过实施有针对性的政策,可以支持城市企业投资乡村产业,从而促进资金流动与技术转移,提升乡村经济的可持续发展能力。这不仅能够缩小城乡发展差距,还能为乡村带来新的发展机遇。在政策引导下,城市企业的投资行为更加规范和高效,乡村产业的发展方向也更加明确。政策的制定需要考虑城乡的实际情况,以确保资源的合理配置和利用,从而实现城乡产业的协调发展。

4.推动城乡人才交流与培训

通过提高乡村劳动者的技能水平,能够有效促进城乡产业的共同繁荣。在数字经济时代,技术的快速更新对劳动者的技能要求越来越高,因此,人才交流与培训显得尤为重要。通过建立完善的人才培训体系,可以提升乡村劳动者的综合素质,使其更好地适应产业发展的需要。城市与乡村之间的人才交流也能够带来新的思维和创新理念,为城乡产业的发展注入新的活力。

四、数字经济下的智慧城市建设与产业布局优化

(一) 智慧城市数据平台与产业布局协同

智慧城市数据平台通过整合多源数据,实现了产业布局的动态调整与优化,提升了资源配置的科学性与灵活性。具体而言,数据平台通过对城市各个功能区的数据进行实时采集和分析,可以精确掌握各区域的资源使用情况和需求变化。这种动态的监测和分析能力,使城市管理者能够根据实际情况对产业布局进行及

时调整,从而提高城市的整体运行效率和资源利用率。

智慧城市数据平台支持实时监测城市功能区的运行状态,依据数据反馈及时调整产业布局。这种实时监测和反馈机制,使城市能够在快速变化的市场环境中保持灵活性和竞争力。通过对数据的深度分析,城市管理者可以洞察市场需求的变化趋势,并据此对产业布局进行战略性调整。这不仅有助于城市在全球化竞争中占据有利位置,也有利于企业在城市中的发展。

智慧城市数据平台还促进了不同产业间的信息共享与协同,推动了产业链的整合与资源的高效利用。在数据平台的支持下,各产业之间可以实现信息的无缝对接,从而减少因信息不对称带来的资源浪费和效率低下问题。通过这种协同效应,城市内的各个产业能够形成更为紧密的合作关系,共同推动城市经济的可持续发展。此外,数据平台的协同作用还体现在促进创新和技术转移方面,使得新兴产业能够快速融入城市经济体系中。

(二) 智能交通系统对城市产业布局的促进

智能交通系统在现代城市发展中,不仅是城市交通管理的工具,也是推动城市产业布局合理化的重要因素。通过实时数据分析,智能交通系统能够有效优化交通流量,提高运输效率。在物流成本不断上升的背景下,智能交通系统的应用显得尤为重要。它在帮助企业降低成本的同时,促进了城市产业布局的合理化。交通的顺畅与否直接影响企业的运营效率和经济效益,因此,智能交通系统的实施对城市经济的可持续发展具有深远的影响。

智能交通系统不仅改善了城市内部的交通状况,也增强了城市与周边区域的连接性。这种连接性是推动产业集群形成与发展的关键因素。产业集群的形成,不仅能提升区域经济的整体竞争力,还能带动周边区域的经济发展。智能交通系统通过高效的连接方式,使得企业能够更快速地响应市场需求,提高了企业的运营效率。在这种背景下,区域经济的竞争力得到了显著提升,城市的发展也因此更具活力。

面对日益严重的交通拥堵问题,智能交通系统提供了有效的解决方案。通过先进的技术手段,城市能够更好地管理交通流量,减少拥堵现象的发生。这不仅提高了企业的运营效率,也提高了市场响应速度。企业能够更快速地将产品送达市场,满足消费者的需求,从而促进产业的快速发展。智能交通系统的建设,为企业提供了一个高效、快捷的运营环境,有助于城市产业的持续发展。

智能交通系统利用先进的通信技术,支持多种交通模式的无缝衔接。这种衔接优化了城市内部及周边的物流网络,使产业布局更加灵活。企业可以根据市场需求,灵活调整生产和配送计划,提高了整体运营效率。多样化的交通模式,也为企业提供了更多的选择,降低了物流成本,提升了产业的竞争力。在这种灵活的产业布局下,城市的经济发展更加稳健。

智能交通系统的应用还极大地提升了城市的生活质量。交通的改善吸引了更多企业的投资,推动了新兴产业的发展和传统产业的转型升级。城市良好的交通环境,为企业提供了优越的经营条件,吸引了更多的投资者和人才。新兴产业在这种环境下蓬勃发展,而传统产业也在不断进行转型升级,以适应新的市场需求。

(三) 智慧社区建设与本地产业发展

智慧社区的建设在数字经济背景下扮演着重要角色,通过整合先进的数字技术,不仅提升了居民的生活便利性,还促进了本地产业与服务的快速响应与适应。智慧社区利用物联网、大数据和人工智能等技术手段,实现了社区管理的智能化。通过智能家居、智慧交通和智慧安防等系统的应用,居民的生活质量得到了显著提高。智慧社区还为本地企业提供了更高效的服务平台,使其能够更迅速地响应市场变化。

智慧社区的建设促进了本地企业与居民之间的互动,推动了社区商业的发展与创新,形成了良好的经济生态。通过数字平台,企业可以直接与消费者进行沟通,了解他们的需求和反馈。这种互动不仅提高了消费者的满意度,也为企业创新提供了源源不断的灵感。社区商业因此得以蓬勃发展,新的商业模式和服务形式不断涌现,增强了本地经济的活力。

通过智慧社区的数据分析,企业能够精准把握居民的消费需求,从而优化产品和服务的供给,提升市场竞争力。大数据分析技术使企业能够深入挖掘消费者的偏好和行为模式,进行精准营销和个性化服务。这种能力不仅提高了企业的市场占有率,还提升了其在激烈竞争中的生存能力。通过对消费者需求的深刻理解,企业能够更有效地调整生产和运营策略,实现资源的最优配置。

智慧社区为本地产业提供了数字化平台,支持企业进行在线营销与服务,拓宽市场渠道,增加收入来源。在这样的平台上,企业可以通过电子商务、社交媒体和移动应用等渠道进行推广和销售,打破了传统市场的地域限制。数字化平台的建设不仅提升了企业的市场可达性,也为其提供了丰富的商业数据,有助于企业制定更为精准的市场策略。

第三节　基于数字经济的区域产业协同发展

一、数字经济对区域产业协同的推动

（一）数字平台促进区域资源共享

通过整合区域内的各类资源，数字平台有效提高了企业间的协作效率，实现了资源的高效配置与利用。实时的数据共享机制使企业能够迅速获取市场动态和行业信息，从而做出及时的战略调整。这种高效的资源共享机制，不仅降低了企业的运营成本，还提高了整体的生产效率，为区域经济的可持续发展提供了有力支持。

数字平台为区域内企业提供了统一的信息交流渠道，极大地减少了信息不对称现象，提高了市场透明度。企业能够在同一平台上获取到完整、准确的信息，从而避免因信息不对称而导致的市场失灵。这种信息的对称性使企业能够更加理性地进行决策，优化资源配置，提升市场竞争力。通过数字平台，企业之间的沟通成本显著降低，市场的运行效率大幅度提高。

数字平台的建立为区域内的企业提供了一个共同参与创新项目的机会，形成了协同创新的生态系统，这对技术进步与产业升级起到了积极的推动作用。在数字平台的支持下，企业能够更加便捷地进行技术交流与合作，推动创新资源的整合与共享。这种协同创新机制不仅加速了新技术的研发与应用，还促进了区域内产业链的延伸与拓展，增强了区域经济的整体竞争力。

数字平台的应用还促进了区域间的资源整合，支持了跨行业的合作，推动形成更为多元化的产业结构。通过数字平台，不同行业的企业可以实现资源的互补与共享，形成协同效应。这种跨行业的合作模式，不仅能够拓宽企业的业务领域，还能催生出新的产业形态，推动区域经济的转型升级。数字平台在这个过程中扮演着重要的桥梁角色，连接了不同产业、不同区域的资源与需求。

（二）区域创新网络的发展与应用

随着数字技术的普及，区域创新网络通过数字平台实现了企业之间的知识共享，促进了技术和创新成果的快速传播。这种知识共享不仅加速了创新的步伐,还打破了传统地域限制,使不同区域的企业能够迅速获取最新的技术信息和市场动态,从而在全球竞争中占据有利位置。这种共享机制的建立,使企业能够在更广阔的市场中找到合作伙伴,形成开放的创新环境,推动区域经济的整体发展。

区域创新网络能够利用大数据分析,识别市场需求与技术趋势,推动针对性的研发项目和产品创新。通过大数据技术,企业能够精准捕捉市场的变化和消费者需求的演变,从而制定更加符合市场需求的研发策略。这种数据驱动的创新模式,使企业能够更快地响应市场变化,缩短产品开发周期,提高产品的市场竞争力。同时,区域内的企业可以通过共享数据资源,实现协同研发,降低研发成本,提高创新效率,形成良性循环的创新生态。

区域创新网络加强了高校、科研机构与企业的合作,形成产学研深度融合的创新生态系统。在数字经济背景下,高校和科研机构的研究成果可以通过数字平台迅速转化为实际应用,企业则可以通过与科研机构的合作获取前沿技术和创新资源。这种产学研结合的模式,不仅提高了科研成果的转化率,也为企业提供了源源不断的创新动力。通过这种合作,区域内的创新能力得到了显著提升,推动了区域经济的可持续发展。

区域创新网络通过建立合作机制,促进了不同产业间的协同创新,提升了整体产业链的竞争力。数字技术的应用使得产业间的界限逐渐模糊,不同产业可以通过协同创新实现资源的有效配置和利用。这种跨产业的合作,不仅优化了产业结构,也提高了整个区域产业链的抗风险能力和市场竞争力。通过协同创新,区域内的企业能够形成合力,共同应对市场挑战,推动区域经济的高质量发展。

区域创新网络推动了地方政策与资源的整合,优化了创新资源的配置,提高了区域经济的活力与韧性。地方政府通过数字平台,能够更有效地调配资源,制定符合区域特色的产业政策,支持创新网络的发展。区域创新网络也为政策制定提供了数据支持,使得政策更加科学和精准。这种政策与资源的整合,使区域内的创新活动更加高效,进一步增强了区域经济的活力和韧性,为区域经济的长远发展奠定了坚实基础。

二、数字经济下的区域产业分工与合作

(一) 区域产业分工的数字化转型

区域产业分工的数字化转型是现代经济发展的重要趋势。在数字经济的推

动下,区域产业分工逐渐趋于精细化,企业能够更好地根据市场需求提供专业化的产品和服务。这种转型不仅提高了企业的市场响应速度,还增强了其在全球市场中的竞争力。通过数字化技术,企业能够实现更高效的资源配置和生产流程优化,从而在激烈的市场竞争中保持领先地位。

数字化转型促进了区域内产业链分工的精细化,各环节的协作效率显著提高。这种精细化的分工使得企业能够专注自身的核心竞争力,提高产品质量和服务水平。同时,数字技术的应用使得产业链中的各个环节能够更加明确地分工合作,减少资源浪费,推动整体产业链的优化。这种优化不仅提升了区域经济的整体竞争力,也为企业创造了更多的发展机遇。

在数字化手段的支持下,区域产业分工能够实现实时调整,企业可以根据市场变化快速响应,提升竞争力。数字技术的应用使企业能够更迅速地获取市场信息,分析市场趋势,从而做出及时的战略调整。这种灵活性使企业能够在不断变化的市场环境中保持竞争优势,为区域经济的可持续发展提供有力支持。

(二) 数字经济对区域合作效率的提高作用

数字经济的迅猛发展为区域合作效率的提升提供了强有力的支持。其一,通过实时数据分析技术,各区域能够更好地掌握合作各方的动态信息。这种透明化的管理方式有效减少了信息不对称的问题,增强了各方的信任与合作意愿,从而提高了区域合作的效率。此外,数字经济的应用使得信息的传递更加快捷和准确,各方可以及时获得所需要的信息,以做出更为科学的决策。

其二,在数字技术的支持下,区域间的资源配置变得更加高效。数字化手段的应用优化了合作流程,简化了烦琐的程序,提高了整体协作效率。这种高效的资源配置不仅降低了时间和人力成本,还提高了合作的灵活性和应变能力。资源的优化配置使得各区域能够根据自身的优势和需求进行合理分工,从而实现最优的合作效果。

其三,数字经济的发展促进了区域内企业的互动与交流。通过建立数字化协作平台,各企业之间能够进行更加频繁和深入地沟通。这种互动不仅提升了企业的创新能力,还提高了市场响应速度。通过数字化平台,企业能够快速分享信息和资源,从而在市场竞争中占据有利地位。区域内的企业通过这种合作方式,能够更好地应对市场的变化和挑战。

其四,跨区域的项目合作与资源共享在数字经济的支持下得到了进一步的推动。数字经济不仅支持产业链的整合,还促进了协同创新。各区域通过数字化手段,实现了资源的高效共享和利用,从而提升了区域经济的竞争力。数字经济为区域间的合作提供了新的可能性,各区域在合作中可以充分发挥各自的优势,实现共赢。

三、数字经济下的区域产业利益分配与协调机制

(一) 利益分配原则

在数字经济背景下,区域产业的利益分配原则需要明确,以保障各参与方的积极性和协作效率。利益分配应基于各参与方的贡献程度,确保公平性与合理性。这意味着,利益的分配不仅要考虑各参与方在资源投入、技术创新、市场拓展等方面的实际贡献,还需要综合评估其在整个产业链中的价值创造能力。只有这样,才能有效激励各方持续投入,推动区域产业协同发展。

为增强各方信任与合作意愿,应建立透明的利益分配机制,这种机制需要通过公开、公正的程序来制定和执行,确保各方都能清晰了解利益分配的标准和依据。透明的分配机制不仅能够减少因信息不对称而导致的误解和冲突,还能增强各方对合作关系的信心,进而提高协同效率。通过透明化的操作,各参与方可以更好地协调各自的资源和战略,形成合力,实现共同的产业发展目标。

利益分配应兼顾短期收益与长期发展,促进可持续的产业协同。在制订利益分配方案时,既要考虑各方在短期内的经济收益,又要关注长期合作关系的稳定性和可持续性。这种兼顾短期与长期的分配策略,有助于形成稳定的合作关系,推动区域产业的持续健康发展。

在利益分配过程中,需要考虑市场变化与风险因素,动态调整分配策略。在数字经济环境下,市场变化迅速且不确定性较高,因此,利益分配机制必须具备一定的灵活性,以应对市场的波动和潜在的风险。通过定期评估市场环境的变化,及时调整利益分配策略,可以有效降低各方的风险暴露,保障产业协同的稳定性和持续性。

(二) 协调机制设计

协调机制设计的核心在于建立一个多方参与的体系,确保各利益相关者能够充分表达意见。这一机制不仅需要考虑产业内部的协调,还需要关注区域间的协同发展。通过构建多方参与的决策平台,各方能够在决策过程中形成共识,从而

提高决策的科学性和可行性。这种机制的设计还需要兼顾不同区域的经济发展水平和产业特点,以实现更为合理的利益分配和资源配置。

在设计协调机制时,需要制定明确的协同发展目标。明确的目标有助于各方在利益分配和资源配置上保持一致,增强合作意愿和积极性。协同发展目标应涵盖产业链的各个环节,确保从生产到销售的全流程协作。同时,目标的设定应充分考虑各区域的优势和劣势,以最大化整体效益。通过明确的目标引导,各方可以在合作中找到共同的利益点,进而推动区域经济的整体提升。

在实施过程中,引入动态调整机制有助于确保协调机制的有效运作。市场环境的变化和参与方的实际贡献是影响利益分配的重要因素。因此,灵活调整利益分配策略是保障各方利益的必要措施。这一机制的实施需要建立在科学的评估体系之上,以便及时反映市场和产业的变化。通过动态调整,各方可以在合作中保持灵活性和适应性,从而在快速变化的市场中保持竞争力。

为了确保利益分配过程的透明性和公正性,可以引入第三方中介机构。第三方中介机构可以提供公正的评估与监督,防止因信息不对称导致的利益分配不公现象。这些机构的独立性和专业性能够为各方提供可信赖的参考依据,从而减少因利益分配而引发的矛盾和纠纷。第三方的介入也有助于提高整个协调机制的透明度和公信力。

第四章 数字经济与传统产业改造升级

第一节 数字经济与制造业改造升级

一、数字经济与制造业生产流程优化

（一）智能化生产系统的组成

1.物联网技术

通过物联网技术,设备之间的互联互通得以实现,生产线的实时监控能力显著提高。这种实时监控不仅能够及时发现生产过程中出现的问题,还能通过数据反馈进行迅速调整,从而提高生产效率。物联网的应用极大地提高了生产流程的信息化和自动化水平,可以随时获取设备的状态和生产进度,为生产管理提供了科学的决策依据。

2.大数据分析技术

通过对海量生产数据的收集和分析,企业可以优化生产调度,合理配置资源,降低生产成本。大数据分析不仅能帮助企业预测市场需求,还能根据生产线的实时数据进行动态调整,提高生产效率和产品质量。通过数据驱动的决策,企业能够更好地应对市场变化,保持竞争优势。

3.人工智能算法

传统的质量检测往往依赖人工,效率低下且易出错。人工智能技术的应用使质量检测可以在生产线上实时进行,确保产品的一致性和合格率。通过机器学习算法,系统能够识别出微小的质量偏差,及时进行调整和修正,从而大幅度提升产品的整体质量。

4.云计算平台

云计算平台的采用,为智能化生产系统提供了强大的数据管理和分析能力。

通过云平台,企业可以实现数据的集中管理,支持远程监控与管理。云计算不仅降低了企业的信息技术成本,还提高了数据处理的效率和安全性。企业管理者可以通过云平台对生产线进行实时监控,及时获取生产信息,进行科学决策。

(二) 生产数据的收集与分析

通过对生产数据的全面收集,企业可以实现对生产过程的全方位监控和管理。数据的收集包括从生产设备、传感器、生产线到企业资源计划系统等各个环节的数据获取。这些数据的有效收集为后续的分析奠定了坚实的基础,使企业能够识别生产过程中的瓶颈和低效环节,从而进行针对性的优化。通过数据分析,企业可以提高生产效率、降低成本,并提升快速响应市场需求变化的能力。

生产数据的实时监测与反馈机制是实现生产流程优化的关键。实时监测系统能够在生产过程中持续收集和分析数据,及时识别异常情况并进行反馈。这种机制使企业可以在生产过程中迅速采取纠正措施,减少停机时间和产品缺陷。此外,实时反馈机制还可以帮助企业动态调整生产计划,以应对市场需求的变化。这种灵活性和响应能力显著提升了企业的竞争力和市场适应能力。

数据标准化与互操作性的重要性在于确保不同系统和设备之间的数据可以无缝交换和使用。标准化的数据格式和协议使企业能够整合来自不同来源的数据,形成统一的分析视图。这种互操作性不仅提高了数据分析的效率,还促进了跨部门和跨企业的协作。通过标准化,企业可以更容易地引入新技术和工具,推动生产流程的持续改进和创新。标准化也降低了数据管理的复杂性,减少了数据孤岛现象的发生。

数据分析工具在生产决策中的应用日益广泛、先进的数据分析工具能够从海量数据中提取有价值的信息,为生产决策提供支持。这些工具可以帮助企业预测设备故障、优化生产计划、提高资源利用率等。例如,通过预测性维护,企业可以在设备故障发生前进行维修,避免生产中断。数据分析工具的应用不仅提高了生产效率,还提升了企业的创新能力和市场竞争力。

二、数字经济与制造业价值链延伸

(一) 上游供应链整合

数字经济的迅猛发展为制造业的上游供应链整合带来了全新的契机。通过数字化平台的引入,企业能够实现供应链的实时信息共享,这种信息的透明化极大地提高了上下游企业之间的协同效率。信息共享不仅加速了生产和物流的响应速度,还优化了资源配置,使得企业能够更加灵活地应对市场需求的变化。此外,数字化平台的应用使企业能够在更大范围内进行资源整合,提升了整体供应链的竞争力。

区块链技术独特的去中心化和不可篡改性特征,极大地提升了供应链的透明度。通过区块链技术,企业能够实现产品追溯,确保每一个环节的质量控制的可靠性。这种透明度不仅让消费者更加放心,也提升了企业的品牌信誉。同时,区块链技术在供应链中的应用有助于减少信息不对称问题,降低交易成本,并提高供应链的整体效率。

在供应链管理中,人工智能预测算法的应用为优化采购计划提供了强有力的支持。通过对历史数据的分析和市场趋势的预测,企业能够更准确地制订采购计划,从而降低原材料成本和库存积压的风险。这种预测能力不仅提高了企业的资金利用效率,还减少了因市场波动带来的不确定性。此外,人工智能的应用使企业能够更好地把握市场机会,实现供应链的动态优化。

通过整合多方数据源,企业可以构建全面的供应链风险评估体系。这一体系的建立,使企业能够更全面地识别和评估潜在风险,提升应对市场波动的能力。通过对风险的提前识别和管理,企业能够制定更加稳健的供应链策略,确保在复杂多变的市场环境中保持竞争优势。这种风险管理能力的提升不仅提升了企业的抗风险能力,也为其长远发展奠定了坚实的基础。

(二) 下游客户关系管理

在数字经济时代,下游客户关系管理成为制造业价值链延伸的重要环节。通过对客户数据的深入分析,企业能够提供更加个性化的服务,从而提升客户的满意度和忠诚度。客户数据分析不仅能帮助企业了解客户的偏好和需求,还能预测市场趋势,为企业制定精准的营销策略提供数据支持。这样的精准服务不仅能增强客户的忠诚度,还能为企业带来持续的竞争优势。

数字化渠道的广泛应用为企业与客户的多元化互动提供了可能。通过社交媒体、移动应用和在线平台,企业能够与客户进行实时沟通,提升客户体验和参与感。这种互动不仅存在于销售和售后服务中,还在于产品开发和市场推广等环节。通过数字化渠道,企业可以更好地了解客户反馈,及时调整产品和服务策略,以更好地满足客户需求。

利用社交媒体和在线反馈机制,企业能够及时获取客户意见,快速响应市场需求。这种机制不仅能够帮助企业发现产品和服务中的问题,还能为企业提供创新的灵感。通过及时的客户反馈,企业可以快速调整产品策略,提升市场响应速度。此外,社交媒体还为企业提供了一个展示品牌形象和价值的平台,提升了客户对品牌的认同感。

构建客户生命周期管理模型是企业在不同阶段制定相应营销策略和服务方案的基础。通过对客户生命周期的分析,企业可以识别客户在不同阶段的需求和价值,从而制定针对性的营销和服务策略。这样的管理模型不仅能提高客户满意度和忠诚度,还能增加客户的终身价值,为企业创造更大的商业机会。通过精细化的客户生命周期管理,企业能够在激烈的市场竞争中占据有利位置。

(三) 增值服务开发

通过基于客户需求的增值服务设计,制造企业可以显著提升产品的附加值和市场竞争力。具体而言,企业需要深入了解客户的实际需求,结合市场趋势,设计出能够为客户带来额外价值的服务方案。这不仅包括产品本身的改进,还包括售后服务、技术支持等方面的提升。通过这种方式,企业可以在激烈的市场竞争中脱颖而出,占据更有利的市场地位。

通过数据分析实现个性化增值服务,有利于推动制造业的升级。企业能够利用大数据技术收集和分析客户行为和偏好,从而为不同的客户群体提供定制化的服务方案。这种个性化的服务不仅满足了客户的特定需求,还增强了客户的忠诚度和满意度。通过精确的数据分析,企业可以预测客户需求变化,提前调整服务策略,确保在市场变化中保持竞争优势。

结合物联网技术提供实时监控和维护服务,能够显著增强客户的使用体验。通过在产品中嵌入传感器和联网设备,企业可以实时监测产品的运行状态,及时发现并解决潜在的问题。这种主动的服务方式不仅降低了产品故障率,还延长了产品的使用寿命,提升了客户的满意度。此外,实时监控数据还可以为企业提供宝贵的反馈信息,帮助企业不断优化产品和服务。

开发基于订阅模式的增值服务,可以提升客户黏性。订阅模式使客户能够以较低的初始成本获得持续的服务和产品更新,这不仅降低了客户的使用门槛,还增强了客户的长期使用意愿。通过这种模式,企业能够与客户建立更紧密的关系,获得稳定的收入来源。订阅模式也为企业提供了更多的机会来了解客户的需求和反馈,从而不断改进和创新服务。

三、数字经济与制造业业务模式创新

(一) 平台化运营

平台化运营作为数字经济时代的重要业务模式,通过构建开放的数字生态系统,促进企业之间的资源共享与协作。这种模式不仅打破了传统制造业的孤立运作状态,还显著提高了整体运营效率。在平台化运营的支持下,不同企业能够在同一平台上交流信息、共享技术与资源,从而形成一个协同发展的生态圈。这种资源的优化配置与协作机制使企业能够更灵活地应对市场变化,从而提升在全球竞争中的地位。

利用平台化运营模式,企业能够整合上下游资源,实现快速响应市场需求的能力,增强市场竞争力。通过平台化,企业可以迅速获取市场反馈,调整生产计划和产品策略,以满足不断变化的消费者需求。此外,平台化运营还使企业能够与供应商和客户建立更紧密的联系,形成一个高效的供应链网络。这种整合不仅缩短了产品的上市时间,还降低了运营成本,提高了企业的市场响应速度和竞争优势。

平台化运营助力制造业实现产品与服务的融合,推动增值服务的开发与创新,提升客户体验。通过平台,企业可以提供个性化的服务和解决方案,满足客户的多样化需求。这种产品与服务的融合不仅增加了产品的附加值,还增强了客户的黏性和满意度。此外,平台化运营还为企业提供了丰富的数据资源,支持其进行精准的市场分析和客户洞察,从而开发出更具竞争力的增值服务,进一步提升客户体验。

(二) 订阅服务模式

订阅服务模式通过降低客户初始购买成本,能够吸引更多客户尝试产品和服务,从而提高市场渗透率。传统的购买模式往往要求客户一次性支付较高的费用,而订阅服务则通过分期付款的方式,减轻了客户的经济负担,使产品和服务的获取更加灵活和可持续。这种方式不仅能够扩大客户基础,还能帮助企业在激烈的市场竞争中占据有利地位。

订阅服务模式的灵活性是其成功的关键之一,制造企业可以根据客户的具体需求,灵活调整服务内容和频率,增强客户满意度和黏性。这种灵活性使企业能够更好地适应市场变化,并及时响应客户的反馈。通过个性化的服务,企业能够建立起与客户之间更为紧密的联系,提升客户的忠诚度。这种模式不仅适用于消费品行业,也在工业制造领域逐渐显现出其价值。

订阅服务模式为企业带来了持续的收入流,提供了更稳定的现金流支持。这种稳定性有助于企业进行长期的投资和研发活动,推动技术创新和产品升级。相较于传统的销售模式,订阅模式能够更好地预测未来的收入,使得企业在财务规划上更加从容。稳定的收入来源也使得企业能够更好地应对市场波动和经济不确定性,从而在长期发展中保持竞争优势。

订阅服务模式还促进了企业与客户之间的长期关系,推动了客户反馈的快速迭代。通过不断收集客户的使用体验和建议,企业能够持续优化其产品和服务。这种持续的反馈机制不仅提升了产品的质量和用户体验,也为企业的创新提供了源源不断的灵感。在这个过程中,企业与客户之间的关系从单纯的买卖关系转变为合作伙伴关系,共同推动产品和服务的进步。这种模式的创新性在于它不仅改变了企业的收入结构,还重塑了企业与客户之间的互动方式。

(三)柔性生产

柔性生产作为制造业业务模式创新的重要组成部分,具有显著的优势。柔性生产通过模块化设计,使生产线能够快速适应不同产品的需求,大幅度提升了市场响应速度。这种模块化设计不仅优化了生产流程,还减少了因产品更换导致的停工时间,从而显著提高了生产效率。在当今快速变化的市场环境中,能够灵活调整生产线以响应客户需求的能力,是制造企业保持竞争优势的关键。

柔性生产依托先进的制造技术,如机器人和自动化设备,实现了生产过程的灵活调整。这种技术应用不仅降低了生产切换时间和成本,还提升了生产线的整体灵活性。通过自动化设备的广泛使用,企业能够在保证产品质量的同时,快速响应市场变化。自动化和机器人技术的结合意味着企业可以在不增加人力成本的情况下,快速调整生产规模和产品类型,以满足多样化的市场需求。

柔性生产系统还能够利用实时数据分析,动态调整生产计划和资源配置。这种基于数据驱动的生产模式,使企业能够更高效地利用资源,提高生产效率。通过实时监控和数据分析,企业可以预测市场趋势,优化生产计划,从而减少库存积压和资源浪费。数据分析的应用不仅提高了生产效率,还提升了企业对市场变化的应变能力,使企业能够在竞争激烈的市场中保持领先地位。

第二节　数字经济与农业改造升级

一、数字经济与智慧农业

(一) 智慧农业的定义

智慧农业是现代农业发展的新方向,它通过整合信息技术与数字化手段,全面提高农业生产、管理和服务的效率。智慧农业的核心在于利用传感器、物联网和大数据分析等技术,实现对农作物生长环境的实时监测与调控。这种技术应用不仅能够使农民精确掌握作物的生长状态,还能使其根据环境变化及时调整管理策略,从而优化生产过程。智慧农业还强调数据驱动的决策支持系统,以提高农业生产效率和资源利用率。在这个过程中,数据的收集、分析和应用成为智慧农业的关键要素,推动了农业生产方式向智能化、精准化的转型。智慧农业的出现标志着农业与科技的深度融合,为传统农业的改造升级提供了全新的途径。

(二) 智慧农业的技术应用

1.传感器技术

传感器技术的引入使农作物生长的监测达到了前所未有的精确度。通过传感器,农民可以实时获取土壤湿度、温度和养分等关键数据。这些数据不仅能够帮助农民及时调整灌溉和施肥策略,还能预测作物的生长趋势,从而实现精细化管理。传感器技术的普及也为农业生产的可持续发展提供了科学依据,帮助农民在不损害环境的前提下提高产量。

2.物联网技术

通过物联网,农业设备实现了互联互通,极大地提高了生产管理的智能化水平。物联网设备可以自动收集和传输数据,使得农民能够远程监控和控制农业机械设备。这种技术的应用不仅减少了人工干预,提高了生产效率,还减少了因人为操作失误导致的资源浪费。物联网的普及为农业生产提供了更为灵活的管理模式,使农业生产过程更加高效和可控。

3.大数据分析技术

通过对大量农业生产数据的挖掘和分析,农民可以优化种植方案和资源配置。大数据分析技术可以识别出影响作物产量的关键因素,从而指导农民在不同气候条件下采取最优的种植策略。此外,大数据还可以用于预测市场需求,帮助农民合理安排生产计划,避免供过于求或供不应求的情况。大数据技术的应用使农业决策更加科学和精准。

(三)智慧农业的管理模式

智慧农业管理模式强调数据驱动的决策支持,通过实时监测与分析农作物生长环境,实现精准管理和资源优化配置。通过传感器、无人机和卫星遥感等技术,农业生产者可以实时获取土壤湿度、气温、光照等关键数据。经过分析后,这些数据能够为农民提供科学的种植建议,帮助他们在播种、施肥、灌溉等环节做出最优决策,提高农作物产量和质量。此外,数据驱动的决策支持还能帮助农业经营者预测市场需求,调整生产计划,以最大化经济效益。

采用智能化管理系统是智慧农业管理模式的核心,这些系统整合了各类农业生产数据,从种子选择到收获运输的每一个环节都在监控之中。智能化管理系统的应用提升了农业生产的透明度与可追溯性,消费者可以通过二维码等方式了解农产品的生产过程,这不仅增强了农产品的市场竞争力,也提高了消费者的信任度。智能化管理系统还支持远程管理和自动化操作,减少了对人力的依赖,提高了生产效率。

在智慧农业的发展过程中,建立农业合作社或农民联盟是一种有效的组织形式。通过集体智慧和资源共享,这些组织能够更好地推动智慧农业技术的普及与应用。合作社或联盟通过集中采购、技术培训和市场拓展等方式,能够帮助成员提高生产效率和经济收益。集体的力量使小农户也能享受到智慧农业带来的好处,缩小了与大型农业企业之间的差距,促进了农业的整体升级。

(四)智慧农业的效益分析

智慧农业通过精准监测与管理,显著提高了作物产量,实现了农业生产的高效化。现代化的传感器和无人机技术能够实时监测土壤湿度、气象条件及作物生长状态,帮助农民在最佳时机进行灌溉、施肥和收获。这种精准农业技术不仅减少了资源的浪费,还大幅度提升了作物的产出质量和数量,进而满足了日益增长的市场需求。

智慧农业中的数据驱动的决策支持系统通过优化资源配置,减少了水肥等生产要素的浪费,提高了资源利用率。通过大数据分析,农民可以获得关于土壤肥力、天气变化、病虫害风险等信息,从而制订更加科学的种植计划。这种系统化的资源管理方式不仅降低了生产成本,还减少了对环境的负面影响,推动了农业的绿色发展。

智慧农业还增强了农产品的质量安全性,通过可追溯性系统提升了消费者信任,促进了市场竞争力。可追溯性系统使每一批农产品在生产、加工、运输等环节的信息变得透明化,消费者可以轻松获取产品的详细信息,增强对产品质量的信心。这样的透明度不仅满足了消费者对食品安全的高要求,还为农产品进入更广阔的市场提供了有力支持,提升了产品的竞争优势。

智慧农业的实施促进了农民收入的增加,通过智能化服务和技术支持,提升了农业的经济效益和可持续发展能力。智能化的农业设备和技术培训使农民能够更高效地管理农田,降低了劳动力成本并提高了生产效率。此外,智慧农业还为农民提供了多样化的增值服务,如农产品在线销售平台和远程农业咨询服务,进一步拓宽了农民的收入渠道,推动了农村经济的繁荣与发展。

二、数字经济与精准农业

(一)基于传感器技术的智能监测

传感器技术在现代农业中的应用,正在改变传统农业的生产方式。农田中部署的传感器能够实时监测土壤的多种参数,如湿度、温度和养分含量。这些数据为精准施肥和灌溉提供了科学依据,帮助农民在不同生长阶段进行适时、适量的农业投入,从而优化资源利用,减少浪费,同时提升作物产量和质量。传感器技术的应用不仅提高了农业生产的精确度,还为可持续农业发展奠定了基础,推动了农业的现代化进程。

传感器网络的构建使农田环境的全面监控成为可能。通过无线传感器网络,农民可以实时获取田间的环境数据,及时发现病虫害和气候变化等潜在威胁。这种实时监控能力极大地提升了农业生产的响应速度,使农民能够迅速采取措施,降低风险和损失。尤其在面对极端天气事件时,传感器网络提供的数据支持,可以帮助农民制定更具针对性的应对策略,保障农业生产的稳定性和连续性。

(二)农业数据的高效整合与共享

在数字经济的推动下,农业数据的高效整合与共享成为精准农业发展的关键环节。通过云计算平台的应用,各类农业数据得以集中存储、管理和分析。这不仅提高了数据的可访问性,还提高了其利用效率,使得农业生产活动能够更加智能化和精准化。云计算的强大处理能力和存储能力为农业数据的整合提供了技术支持,使得来自不同来源的数据能够在一个统一的平台上进行有效的交互和使用。这个过程显著提高了农业生产的效率,为实现精准农业奠定了基础。

为了进一步推动农业数据的共享,需要建立农业数据共享协议。这些协议能够促进农民、科研机构和企业之间的数据交换与合作,形成一个互利共赢的生态系统。在这个过程中,智慧农业技术得以广泛应用,推动农业生产方式的转型升级。通过数据共享协议,各方可以在保护数据隐私和安全的前提下,充分利用数据资源,提升农业生产的科学性和可持续性。这种合作模式不仅能够提高农业生产的效率,还能促进农业科技的创新与发展。

此外,在农业数据整合与共享的过程中,还需要引入数据标准化机制。通过标准化机制的实施,不同农业数据格式和类型的兼容性得到保障,降低了数据整合的技术难度。这不仅提高了数据分析的准确性和有效性,还为农业生产决策提供了更为可靠的依据。数据标准化为农业数据的整合与共享提供了基础设施支持,使得精准农业的发展更加顺畅和高效,为农业产业的转型升级提供了有力保障。

(三)数字平台改变农产品销售模式

通过电子商务模式,传统农产品销售渠道的限制被打破,实现了农产品与消费者的直接对接。这种模式不仅降低了中间环节的成本,还显著提升了农民的收入。电子商务平台使农产品能够更快速地进入市场,从而缩短了流通时间。同时,农民也能够获得更高的议价能力。通过这种直接销售模式,农产品的供需关系得到了更为精准的匹配,市场的透明度也得到了提高。

社交媒体和数字营销手段的应用,使得农产品生产者能够更加有效地宣传和推广他们的产品。通过这些平台,生产者能够直接与消费者互动,增强品牌影响力,吸引更多消费者的关注。这种直接的沟通渠道不仅提高了消费者的参与度,还增加了他们对产品的信任和忠诚度。通过发布高质量的内容和进行精准的广告投放,农产品品牌能够在竞争激烈的市场中脱颖而出,建立独特的市场地位。

数字平台提供的数据分析工具,为农民和企业提供了了解市场趋势与消费者偏好的重要手段。这些工具能够帮助生产者优化产品组合和定价策略,从而提高销售效率。通过对大数据的分析,农民可以更好地预测市场的需求变化,及时调整生产计划,避免供过于求或供不应求的情况发生。此外,数据分析还可以帮助农民识别潜在的市场机会,在合适的时间将农产品推向合适的市场。

在线交易平台的建立,使农民可以实现全天候不间断销售,增强了市场竞争力。这种全天候的销售模式不仅扩大了农产品的市场覆盖面,还提高了销售的灵活性。消费者也因此能够享受到更加便捷的购物体验,无论何时何地都可以购买到新鲜的农产品。这种便利性不仅提升了消费者的满意度,还进一步推动了农产品的销售增长。在数字经济的推动下,农产品销售模式的转变为农业的可持续发展提供了新的动力。

(四)无人机在精准农业中的应用

1.农田监测

通过实时获取农作物生长状态和环境信息,无人机可以帮助农民更好地了解农田状况,及时发现问题并采取相应措施。这种技术的应用不仅提高了管理效率,还降低了人工成本,使农民能够在更短的时间内完成更复杂的监测任务。此外,无人机的高效性和精准性使其成为农业数据采集的重要工具,为农业决策提供了可靠的数据支持,推动了农业现代化的进程。

2.精准施肥

通过航拍图像分析,无人机能够准确地确定农田中不同区域的施肥需求,从而指导农民进行精准施肥。这种方法不仅能够提高肥料的利用率,减少资源浪费,还能减少对环境的负面影响。精准施肥技术的应用使得农民能够根据农作物的实际需求进行施肥,避免了传统施肥方式中可能出现的过量施用现象,促进了农业的可持续发展。

3.病虫害监测与防治

无人机能够快速识别问题区域,并进行针对性喷洒,显著减少了农药的使用量。这种方法不仅提高了病虫害防治的效率,还减少了农药对环境和农产品的污染风险。此外,无人机能够在短时间内覆盖大面积农田,快速响应病虫害的爆发,为农民提供了有效的防治手段。无人机技术的应用为农业病虫害防治提供了新的解决方案,进一步推动了农业的绿色发展。

4.农业数据收集

通过高效采集地形、土壤和作物数据,无人机为精准农业决策提供了重要的基础。这些数据不仅能够用于分析农作物的生长情况,还能帮助农民制订合理的耕作计划,提高农业生产的效率和收益。无人机技术的应用使得农业数据的收集更加快捷和准确,为农业的数字化转型提供了有力支持。随着技术的不断进步,无人机将在农业数据收集中发挥更加重要的作用,推动精准农业的进一步发展。

三、数字经济与农业数据管理与分析

(一)农业数据的智能化采集与存储

在现代农业生产中,利用传感器技术实现对农业生产环境的实时数据采集,能够有效确保数据的准确性和及时性。这些传感器可以监测土壤湿度、气温、光照强度等环境参数,为农民提供精准的农业生产指导。实时数据采集不仅提高了农业生产的效率,还为农业决策提供了重要的科学依据。通过这些技术手段,农业生产的精细化管理得以实现,推动了农业的现代化进程。

为了更好地管理和分析这些采集到的数据,物联网平台的应用显得尤为重要。通过物联网平台集中存储农业数据,不仅便于后续的数据管理与分析,还极大地提高了数据的可访问性。农民和农业企业可以通过这些平台,实时查看生产数据,进行数据分析,从而优化生产流程,降低生产成本。这种集中存储的方式也为农业数据的共享和利用提供了新的可能性,使得农业生产更加智能化和高效化。

在数据存储方面,云计算技术的应用为农业数据的安全存储提供了保障。通过云计算技术,可以对采集的农业数据进行安全存储,确保数据的完整性与安全性,防止数据丢失。云计算不仅具备强大的存储能力,还具备高效的数据处理能力,能够快速响应数据分析的需求。这种技术的应用使农业数据的管理更加灵活和高效,为农业生产提供了可靠的数据支持。

(二)大数据分析在农业决策中的应用

在现代农业中,大数据分析已成为决策过程中的关键工具。通过对历史数据和实时监测信息的深入分析,农业决策者能够制订更加精准的施肥和灌溉计划。这种基于数据的决策方式不仅提高了资源的使用效率,还有效降低了生产成本。传统农业依赖经验和直觉,而大数据分析则提供了一个科学的依据,这使农业生产更具可控性和可预测性。此外,精准农业的实现也依赖大数据分析的支持,确保了农业资源的合理分配和可持续利用。

气候变化对农业生产的影响是显而易见的,而大数据技术在此方面发挥了重要作用。通过对气候数据的分析,农民能够预测天气变化,并及时调整种植和收获策略。这种能力极大地提升了农业生产的适应能力,使得农民可以更好地应对气候变化带来的不确定性。随着气候变化问题的日益严重,大数据分析在农业中的应用将变得更加重要,成为应对环境挑战的有力工具。

市场需求和消费者偏好是影响农产品市场竞争力的重要因素。大数据分析为农民提供了识别这些因素的能力,使得他们能够优化产品组合和定价策略。通过分析消费者的购买行为和市场趋势,农民可以调整种植计划,生产出更符合市场需求的产品。这不仅提高了农产品的市场竞争力,还增加了农民的收益。大数据分析在农业市场中的应用,推动了农业的市场化进程,能够使农民在激烈的市场竞争中占据有利位置。

农业生产中存在诸多风险,尤其是病虫害的威胁。大数据分析为农业提供了有效的风险评估工具,能够实时监测潜在的病虫害风险。通过对相关数据的分析,农民可以提前采取防治措施,保障作物的安全。大数据分析不仅提高了农业生产的安全性,还减少了因病虫害造成的经济损失。这种基于数据的风险管理方式,提升了农业生产的稳定性和可持续性,为农民提供了更加可靠的保障。大数据分析在农业中的应用,正在重塑现代农业的风险管理模式。

四、数字经济与农业市场拓展

(一)农产品电商平台建设

农产品电商平台建设促进了现代农业市场的拓展。通过整合多种销售渠道,这些平台实现了线上线下的无缝对接,极大地提升了农产品的市场覆盖率。电商平台的构建不仅是一个技术问题,还涉及农业生产者与消费者之间的直接联系。这种直接联系的建立,减少了传统销售模式中的中间环节,从而提高了农民的收入水平。通过电商平台,农产品生产者能够更快速地响应市场变化,及时调整生产策略,以满足市场需求。

电商平台的成功与其提供的实时数据分析工具密不可分,这些工具帮助农民了解市场需求和消费者偏好,为其优化产品组合和定价策略提供了科学依据。通过数据分析,农民能够更准确地预测市场趋势,减少生产风险。此外,电商平台还需要注重用户体验,通过简化购买流程和提供个性化推荐,来提升消费者的购买满意度。用户体验的提升不仅能提高消费者的回购率,还能通过口碑效应吸引更多潜在消费者。

在农产品电商平台的运作中,必须建立健全的物流配送体系。高效的物流体系能够确保产品快速、安全地送达消费者手中,从而提升消费者的购物体验。物流配送的效率直接影响到消费者的满意度和平台的信誉。因此,电商平台需要与专业的物流公司合作,优化配送路线,降低物流成本。同时,冷链运输等技术的应用,能够保证生鲜农产品在运输过程中的质量和新鲜度,进一步增强消费者的信任感。

电商平台打破了农产品销售的地域限制,生产者可以更广泛地接触到全国甚至全球的消费者市场。这种市场拓展的能力是传统销售渠道难以企及的。随着数字经济的不断发展,农产品电商平台将进一步完善其功能,为农业生产者和消费者提供更高效、更便捷的服务。未来,随着技术的进步和市场的成熟,农产品电商平台将在农业改造升级中发挥更加重要的作用,助力农业实现可持续发展。

(二)农业市场数据分析与应用

农业市场数据的实时监测与分析,使得农民能够及时掌握市场动态,从而制定更加灵活和有效的销售策略。通过对市场数据的深入分析,农民可以快速了解市场的供需变化,从而在市场竞争中占据优势地位。实时监测还能够帮助农民避免市场饱和或供不应求的风险,确保农产品能够在最佳时机进入市场。

通过数据分析技术,农业生产者可以识别消费者的偏好和需求变化,进而优化农产品的品类组合。这个过程不仅能够提高农产品的市场竞争力,还能够更好地满足消费者的个性化需求。在数字经济的背景下,数据分析成为农业生产和市场营销的重要工具,帮助农民在激烈的市场竞争中脱颖而出。通过对消费者行为的深入理解,农民可以调整种植结构和销售策略,以提高产品的市场占有率。

利用大数据技术进行价格趋势预测,能够帮助农民合理定价。通过对历史价格数据的分析和预测模型的应用,农民可以对未来的价格走势做出科学的预判。这不仅能够提升销售收益,还能够降低市场价格波动带来的风险。合理的价格策略能够吸引更多的消费者,为农民带来更为稳定的收入。大数据技术在农业市场中的应用,为农民提供了更加精准的市场决策支持。

构建农业市场数据共享平台,有助于促进农民、企业与消费者之间的信息交流与合作。这一平台能够整合多方数据资源,实现信息的高效流通和共享。通过数据共享,农民可以获取更多的市场信息和资源,从而提升市场竞争力。企业和消费者也能够通过这一平台了解农产品的生产和供应情况,促进供需双方的对接和合作。数据共享平台的建设,为农业市场的健康发展提供了有力的支持。

(三) 农业市场品牌数字化推广

在数字经济时代,农业市场品牌的数字化推广已成为提升品牌影响力的重要手段。农业企业通过利用社交媒体平台进行农产品品牌宣传,能够显著增强消费者对品牌的认知和信任。社交媒体以其广泛的用户基础和高效的传播速度,为品牌提供了一个理想的推广平台。通过在社交媒体上发布精美的产品图片、详细的产品信息及消费者使用反馈,企业可以有效地吸引潜在客户的注意力,提升品牌的知名度和美誉度。

数字营销策略的应用,如搜索引擎优化(Search Engine Optimizatio,SEO)和内容营销,进一步提高了品牌在网络上的可见度。SEO 策略通过优化网站内容和结构,使得品牌在搜索引擎结果中获得更高的排名,从而增加潜在客户的访问量。内容营销则通过提供有价值的信息和故事,与消费者建立情感联系,增强品牌的吸引力。这些策略不仅能帮助品牌在激烈的市场竞争中脱颖而出,还能有效提升消费者的购买意愿。

建立品牌官网和在线商城是农业品牌数字化推广的另一个重要举措。官网和在线商城不仅提供了详细的产品信息和购买渠道,还为消费者提供了一个便捷的购物体验。通过在线平台,消费者可以直接下单购买产品,享受送货上门的服务。这种便捷的购物方式极大地提升了消费者的满意度和忠诚度,为品牌带来了稳定的销售增长。

用户生成内容(User Generated Content,UGC)策略的实施,鼓励消费者分享他们的使用体验,这种方式在提升品牌的口碑传播效果方面表现突出。消费者的真实反馈和推荐往往比品牌自己的宣传更具说服力。通过社交媒体、博客和视频平台,消费者可以分享他们的产品使用心得和体验,帮助品牌在更广泛的受众中建立信任和忠诚。这种自发的口碑传播不仅能够提高品牌的曝光率,还能有效地吸引新的客户群体。

第三节　数字经济与零售业改造升级

一、数字经济与零售业供应链管理

(一)智能供应链的构建与优化

通过物联网技术,供应链各环节可以实现实时数据采集与分析,这种数字化转型大幅提升了响应速度与决策效率。在物联网的支持下,零售企业能够即时获取市场变化信息,快速调整生产与物流计划,满足消费者不断变化的需求。此外,实时数据分析还使企业能够预测需求波动,制定更为精准的采购和库存策略,从而减少不必要的库存积压和资金占用,进而提高整体供应链的效率和灵活性。

利用人工智能算法进行库存管理优化是智能供应链的重要组成部分。通过机器学习和数据挖掘技术,企业能够更准确地预测市场需求,优化库存配置。这种智能化的库存管理模式不仅降低了库存成本,还提高了资金周转率,使企业能够在竞争激烈的市场环境中保持灵活性。人工智能算法还可以帮助企业识别供应链中的潜在风险,制定应对策略,确保供应链的稳定性和可靠性,进而增强企业的市场竞争力。

建立智能合约机制是实现供应链交易自动化与透明化的关键。智能合约通过区块链技术将合同条款自动化执行,降低了交易成本,并增强了供应链各方之间的信任基础。这种机制在减少人为干预的同时,提高了交易效率,使供应链的运作更加顺畅和高效。智能合约还可以实时记录交易信息,确保数据的准确性和不可篡改性,为供应链各方提供了可靠的合作平台,促进了零售业供应链的进一步优化与升级。

通过数据可视化工具,供应链管理的可视性得以显著提升。这些工具帮助管理层实时监控供应链状态,及时调整运营策略,以应对市场变化和突发事件。数据可视化不仅提供了直观的分析结果,还支持多维度的数据交互,使管理者能够从不同角度审视供应链运作情况,做出更为精准和科学的决策。这种透明化的管理方式不仅提高了供应链的运营效率,还增强了企业的市场适应能力和竞争优势。

(二)数据驱动的库存管理

通过实时数据分析,零售企业能够动态调整库存水平,确保库存与市场需求之间的匹配,从而有效降低库存积压的风险。这种动态调整不仅提高了库存管理的灵活性,还能使企业在快速变化的市场环境中保持竞争力。实时数据分析为企业提供了更全面的市场洞察,使其能够更精准地预测消费者需求,进而优化库存配置,降低不必要的库存成本。

利用先进的预测算法,零售商可以基于历史销售数据和市场趋势,制订精准的补货计划,从而优化库存周转率。预测算法通过对大量数据进行挖掘和分析,帮助企业识别销售模式和趋势,并据此调整补货策略。这种方法不仅提高了库存周转率,还减少了因库存不足或过剩导致的财务损失。精准的补货计划使企业能够更有效地管理库存,提高整体供应链效率,增强市场响应速度。

数据驱动的库存管理系统能够实现跨部门的信息共享,提高供应链各环节的协同效率。这种信息共享不仅限于企业内部,还可以延伸至供应商和分销商,形成高效的供应链网络。通过整合各方的数据资源,企业能够更好地协调生产、运输和销售环节,减少因信息不对称导致的延误和错误。信息共享的增强使供应链的各个环节能够更加紧密地合作,提升整体运营能力。

(三)物流与配送的数字化转型

首先,通过智能化仓储系统的引入,库存管理的自动化得以实现。这一转型不仅提高了货物存取的效率,还大大提高了准确性,减少了人为操作带来的误差。智能化仓储系统利用先进的传感器和数据分析技术,实时监控库存状态,确保库存信息的及时更新和准确性。这种技术的应用使企业能够更好地应对市场需求的变化,从而提高了供应链的整体运作效率。

其次,在物流运输环节,实时跟踪技术的采用极大地提高了物流透明度。通过物联网设备,企业可以实时监测货物的运输状态,及时获取运输过程中的各类信息。这不仅减少了运输过程中的延误,还提高了客户对物流服务的满意度。实时跟踪技术使物流企业能够迅速应对突发情况,优化运输路线,减少不必要的停滞和等待,提高物流运作效率。

再次,数据分析在优化配送路线中发挥了关键作用。通过对大量运输数据进行分析,企业能够识别出最优的配送路线,降低运输成本。在这一过程中,数据分析不仅提高了配送效率,还确保货物能够按时送达客户手中。这一过程的优化对提升客户体验具有重要意义,也为企业节省了大量物流成本,提升了企业的市场竞争力。

最后,智能调度系统的实施为物流运作增添了新的活力。该系统能够根据实时订单和交通状况动态调整配送计划,提高了物流运作的灵活性和响应速度。智能调度系统通过对交通数据和订单需求进行实时分析,合理分配运输资源,确保物流环节的高效运作。这一技术的应用不仅提升了企业的服务水平,还增强了企业在市场中的竞争优势。

二、数字经济与零售业销售渠道创新

(一) 多渠道整合

通过整合线上线下渠道,零售商能够提供无缝连接的购物体验,显著提升客户满意度与忠诚度。这种整合不仅是物理渠道的结合,还是数据和服务的统一。线上线下的结合可以让消费者在任何时间、任何地点都能够接触到品牌的产品和服务,从而形成持续的品牌体验。通过优化库存管理和物流配送,企业能够有效降低库存成本,提高商品的周转率,最终实现销售额的增长。

社交媒体和移动应用程序的使用进一步增强了品牌与消费者之间的互动,这种互动不仅包括产品的营销和推广,还包括售后服务和客户反馈的收集。通过社交平台,品牌可以快速响应消费者的需求和疑问,增加消费者对品牌的信任和依赖。此外,移动应用程序还为消费者提供了个性化的购物体验,如个性化推荐和定制化服务,进一步促进了产品的传播与销售。通过这些数字工具,品牌能够在竞争激烈的市场中脱颖而出,建立更强大的消费者关系。

建立统一的客户数据管理系统是多渠道整合的核心,通过整合多渠道的消费者行为数据,零售商可以更好地理解消费者的需求和偏好。这样的系统不仅有助于优化营销策略,还能提供个性化的服务,提升客户体验。通过数据分析,企业能够识别出最有价值的客户群体,并针对这些群体制定精准的营销策略。此外,数据驱动的决策过程还能帮助企业快速调整市场策略,以应对不断变化的市场环境。

全渠道营销策略的实施确保了各销售渠道之间的信息共享与协同,从而提升市场响应速度。在这种策略下,消费者可以在不同渠道之间自由切换,而不会感受到任何不便。信息的共享使企业能够更好地协调各个渠道的资源,从而实现整体效率的提高。通过全渠道的协同,企业能够更快速地响应市场变化,抓住市场机遇,提升市场竞争力。这种策略不仅提高了企业的市场占有率,还增强了品牌的市场影响力。

(二) 个性化购物体验

通过分析消费者数据,零售商可以为顾客提供个性化的商品推荐。这种基于大数据的分析不仅提高了购物体验的精准度,还大幅提升了顾客的满意度。零售商通过收集和分析消费者的购买历史、浏览行为和偏好数据,能够在合适的时间向消费者推荐最符合其需求的商品。这种精准的推荐机制不仅提高了消费者的购物效率,也提升了零售商的销售额和客户忠诚度。

在个性化购物体验中,人工智能技术的应用尤为关键。通过对用户行为进行深入分析,零售商可以实时调整产品展示和促销策略,从而增强客户的参与感。人工智能算法能够识别消费者的购物模式和偏好,并根据这些信息动态调整商品的排列顺序和促销活动。这种实时的调整机制不仅提高了消费者的购物乐趣,也使零售商能够更灵活地应对市场变化,保持竞争优势。

定制化的营销信息和广告内容是个性化购物体验的重要组成部分。通过精准的消费者画像,零售商能够设计出符合不同消费者需求和偏好的营销策略。这种定制化的广告内容,不仅提高了消费者的购买转化率,还增强了品牌的吸引力。通过深刻理解不同消费者群体,零售商可以在合适的时间和渠道,向合适的消费者推送合适的产品信息,从而实现精准营销。

虚拟试衣间和增强现实技术的应用,为消费者提供了更加直观和互动的购物体验。这些技术让消费者在购买前可以真实地"试用"产品,从而增强购买决策的信心。例如,消费者可以通过虚拟试衣间"试穿"衣服,或通过增强现实技术在家中"摆放"家具。这种技术不仅提升了消费者的购物体验,也降低了退货率,增加了顾客的满意度和忠诚度。通过这些创新技术,零售商能够在激烈的市场竞争中脱颖而出,赢得更多的市场份额。

（三）移动端销售策略

移动端应用程序的实施，为消费者提供了极大的购物便利。通过这些应用，消费者可以随时随地进行购买，这种便捷性不仅提升了用户的购物体验，还增加了用户的黏性。随着移动设备的普及，零售商越来越重视开发功能丰富、用户友好的移动应用，以吸引和留住消费者。这种策略不仅满足了现代消费者的购物需求，还为零售商提供了与消费者直接互动的平台，从而增强了品牌忠诚度。

推送通知和个性化营销信息是提升用户参与度的重要手段。通过分析用户的购物行为和偏好，零售商可以向消费者推送个性化的促销活动和新产品信息。这种精准营销策略，不仅提升了消费者的购物体验，还增加了他们的购买频率。推送通知的及时性和个性化，使消费者能够在合适的时间接收到相关信息，从而有效地提高了销售转化率。

建立移动端社交分享功能，是扩大品牌市场影响力的有效策略。通过鼓励消费者分享他们的购物体验和产品推荐，零售商能够利用社交网络的力量，扩大品牌的知名度和影响力。这种策略不仅提高了消费者的参与度，还通过口碑传播吸引了更多潜在客户。社交分享功能的引入使消费者不再是被动的购物者，而是成为品牌的积极推广者，这进一步推动了零售业的数字化转型。

三、数字经济与零售业支付系统创新

（一）移动支付技术的应用

移动支付技术的便捷性极大地提升了消费者的购物体验。用户可以通过智能手机快速完成交易，这种方式显著减少了排队等候的时间，为消费者提供了更加高效的购物流程。移动支付的便捷性不仅增加了消费者的满意度，也提高了零售商的销售效率和客户留存率。在零售业的数字化转型过程中，移动支付为零售企业提供了新的增长机会和竞争优势。

随着技术的发展，移动支付系统的安全性不断增强。采用多重身份验证和加密技术，移动支付有效保护了用户的支付信息和资金安全。这一安全保障使消费者更加信任和依赖移动支付系统，从而推动了其广泛应用。零售业通过引入安全可靠的移动支付系统，不仅提升了客户的信任感，也为企业自身的财务安全提供了保障。

移动支付技术支持多种支付方式,如二维码支付、近距离无线通信技术支付等,满足了不同消费者的需求,增强了支付的灵活性。不同支付方式的支持使零售商能够为客户提供多样化的支付选择,从而提升了消费者的购物体验和满意度。这种灵活性不仅适应了消费者多样化的支付习惯,也促进了零售业的创新和发展。在数字经济的背景下,支付方式的多样化成为零售企业吸引和保留客户的重要手段。

移动支付的普及推动了无现金交易的趋势,促进了零售业的数字化转型,提高了整体交易效率和运营管理水平。无现金交易减少了现金处理的复杂性和成本,提高了交易的透明度和效率。零售企业通过采用移动支付技术,可以优化运营流程,降低运营成本,从而在竞争激烈的市场中获得更大的发展空间。移动支付的普及不仅改变了消费者的支付习惯,也推动了零售业的数字化转型,为行业的未来发展奠定了坚实的基础。

(二) 无现金支付环境的构建

通过数字化技术的应用,无现金支付极大地提升了支付的便利性。消费者可以随时随地完成交易,无须携带现金或银行卡,从而提升了整体购物体验。这种支付方式的普及不仅简化了交易流程,还极大地提高了消费者的满意度和忠诚度。

构建有效的无现金支付环境需要完善的基础设施支持。POS机、移动支付终端和稳定的网络连接是确保支付顺畅进行的关键要素。这些基础设施的部署和优化不仅涉及技术层面的提升,还需要考虑用户的使用习惯和安全性等因素。只有在基础设施充分完善的情况下,才能实现无现金支付的广泛应用,从而推动零售业的整体数字化进程。

无现金支付环境的构建在很大程度上促进了交易的透明性。通过减少现金流动,零售商能够有效降低因现金处理而产生的安全隐患,进而增强商家与消费者之间的信任关系。这种信任的建立不仅有助于提升客户忠诚度,还为商家提供了更为准确的消费数据,帮助其优化库存管理和市场策略。

无现金支付环境的普及推动了金融科技的创新。通过无现金支付,零售业得以引入和开发新型支付工具和服务,如数字钱包和区块链支付系统。这些创新不仅丰富了消费者的支付选择,还为零售商提供了新的商业模式和盈利机会。在数字经济的推动下,零售业的支付系统不断发展,为行业的整体升级注入了新的动力。金融科技的进步也为未来支付系统的多样化和安全性奠定了坚实的基础。

（三）支付安全与隐私保护

在零售业中,支付系统的创新对保障消费者的权益和信息安全起着关键作用。采用多重身份验证技术是确保用户身份安全的有效手段。这种技术通过结合生物特征识别、手机验证码、密码等多种验证方式,防止未授权访问和欺诈行为的发生。多重身份验证不仅提高了系统的安全性,还增强了用户在进行支付时的信心,避免了身份盗用导致的经济损失。

实施加密技术是保护支付信息安全的重要措施。加密技术通过对用户的支付信息进行复杂的算法处理,使其在传输过程中无法被轻易截获和解读,确保用户的敏感数据不被泄露。现代加密技术的应用,已经成为保护在线支付安全的标准配置。这种技术手段不仅在保护数据安全方面具有显著成效,也为支付系统的安全性提供了坚实的技术保障,促进了零售业的数字化转型。

建立透明的隐私政策对于增强用户对支付系统的信任至关重要。零售企业需要明确告知用户其个人信息的收集、使用和存储方式,确保用户在知情的情况下自愿提供信息。这种透明性不仅有助于提升用户对企业的信任度,还能有效降低因信息不对称而产生的法律风险。通过公开透明的隐私政策,企业能够更好地维护用户的权益,同时为其支付系统的安全性和合规性提供保障。

（四）支付系统的用户体验优化

1.简化支付流程

通过简化支付流程,优化用户界面和减少操作步骤,可以显著提高交易的便捷性和用户满意度。一个直观且易于操作的支付界面能够有效减少用户在支付过程中遇到的困惑和障碍,从而提升整体购物体验。优化支付流程是用户体验设计中的核心要素。通过深入研究用户的支付习惯和行为模式,可以设计出更加符合用户需求的支付流程,进而提高用户的使用频率和满意度。

2.提供多种支付方式选择

现代消费者的支付习惯多样化,涵盖信用卡、移动支付、电子钱包等多种方式。满足不同消费者的支付偏好,不仅能吸引更多的用户,还能提高支付系统的适应性和市场竞争力。在全球化的数字经济环境中,支付方式的多样性也是企业拓展国际市场的重要保障。因此,零售企业应积极引入和整合多种支付方式,以适应不同地区和文化的消费习惯,从而增强市场竞争力和用户满意度。

3.实施实时交易反馈机制

实时交易反馈机制能够在交易完成后立即向用户发送确认信息,使用户及时了解交易状态,增强安全感。这种机制不仅可以减少因交易延迟或错误引发的用户不满,还能提高用户对支付系统的信任度。通过建立高效的反馈机制,企业能够更好地监控和管理支付流程,及时发现并解决潜在问题,确保支付系统的稳定运行。

四、数字经济与零售业营销策略创新

(一)数据分析驱动的精准营销策略

其一,通过大数据技术的应用,零售企业能够深入挖掘消费者的行为数据,识别其购买模式和偏好。这种分析不局限于历史购买记录,还包括消费者在不同平台的互动和反馈。通过对这些数据进行深入分析,企业能够制定出个性化的营销策略,从而大幅提升客户的购买意愿。个性化策略不仅提升了客户体验,还增强了客户的品牌忠诚度,最终推动销售增长。

其二,实时数据监测为零售业的营销策略提供了灵活性和敏捷性。市场环境瞬息万变,消费者需求也在不断变化。通过实时数据监测,零售企业可以迅速捕捉市场动态,及时调整营销活动和促销策略。这种动态调整不仅能够满足消费者的即时需求,还能在竞争激烈的市场中保持领先地位。实时数据的应用使企业在面对突发市场变化时,能够迅速做出反应,确保市场竞争力的持续增强。

其三,整合多渠道数据是精准营销策略的核心。零售企业可以整合来自线上线下各个渠道的数据,建立全面的客户画像。这种整合不仅包括购买数据,还涵盖社交媒体互动、客户反馈等多维度信息。通过精准定位目标客户群体,企业可以提高市场推广的效率和效果。多渠道数据的整合使企业能够在合适的时间,以合适的方式触达合适的客户,从而提高营销活动的成功率。

其四,运用数据分析工具评估营销活动的效果,是确保营销预算高效利用的关键。通过对营销活动进行定量分析,企业可以识别出哪些策略最为有效,哪些需要改进。这种评估不仅包括销售数据,还包括客户参与度、品牌认知度等指标。

通过优化资源配置,企业能够确保每笔营销投入都能带来最大的投资回报。数据分析工具的应用,使零售企业能够在激烈的市场竞争中,持续优化其营销策略,实现可持续增长。

(二)社交媒体与个性化互动的深度整合

社交媒体平台为品牌提供了与消费者直接互动的渠道,不仅增强了品牌忠诚度和客户参与感,还为企业提供了动态的交流平台。在这一过程中,品牌可以通过社交媒体与消费者进行实时沟通,这种直接的互动方式使品牌能够更好地了解消费者的需求和期望,从而调整其市场战略以提高客户满意度。这种深度整合是双向的互动过程,消费者的反馈和品牌的回应在这一平台上得到了充分的体现。这种互动增强了消费者对品牌的归属感和信任度,进而提高了品牌的市场竞争力。

通过社交媒体数据分析,企业能够实时获取消费者反馈,快速调整产品和服务以满足市场需求。这种实时数据分析能力使企业能够在激烈的市场竞争中保持灵活性和敏捷性。社交媒体平台上大量的用户行为数据为企业提供了洞察消费者偏好的机会,使企业可以更准确地预测市场趋势和消费者需求。企业通过分析这些数据,不仅能够识别出潜在的市场机会,还能发现产品或服务中存在的问题,从而进行及时的调整和改进。在快速变化的市场环境中,这种能力允许企业迅速响应消费者的需求变化,保持市场的领先地位。

个性化营销策略可以通过社交媒体实现,企业能够根据用户的兴趣和行为推送定制化内容,提高转化率。个性化营销策略的核心在于细分市场和精准定位,通过对用户行为和兴趣进行分析,企业可以为不同的消费者群体量身定制营销内容。社交媒体平台提供了丰富的用户数据,使这种个性化策略得以实现。通过推送与用户兴趣高度相关的内容,企业不仅能够吸引消费者的注意力,还能提高营销活动的有效性和转化率。个性化内容的推送不仅提升了用户体验,还增加了用户与品牌之间的互动频率,从而增强了品牌的市场影响力。

社交媒体的用户生成内容促进了品牌传播,消费者的分享和评价能够有效提升品牌的可信度和影响力。用户生成内容作为一种重要的品牌传播工具,通过消费者的自主分享和评价,使品牌信息能够以更具真实性和说服力的方式传播开来。消费者在社交媒体上分享的内容被视为可信赖的信息来源,这种口碑传播的效果远超传统广告。企业可以通过鼓励用户生成内容,进一步扩大品牌的影响力和知名度。同时,用户生成内容为企业提供了宝贵的用户反馈信息,帮助企业了解消费者对产品和服务的真实看法,从而不断优化品牌策略,提高市场竞争力。

(三)增强现实技术在品牌推广中的应用

通过将虚拟信息叠加于现实环境中,增强现实技术为消费者提供了沉浸式产品体验。这种技术不仅提高了产品的可视化程度,还增强了品牌的吸引力,使消费者能够更直观地感受到品牌的价值主张。

利用增强现实技术,品牌可以设计出互动式广告,这种广告形式为消费者提供了参与和互动的机会,从而加深他们对品牌的认知和记忆。通过增强现实技术,消费者可以在虚拟环境中与品牌互动,体验产品的多种功能和特点。这种互动不仅使品牌推广更加生动有趣,也提升了消费者的参与感和忠诚度,给品牌带来了更高的关注度和市场认可。

增强现实技术在产品展示中实现了虚拟试用,帮助消费者在购买前更好地评估产品的适用性和效果。这种虚拟试用功能让消费者可以在不离开家的情况下,试穿服装、试用化妆品,甚至查看家具在自己家中的摆放效果。这种便捷的购物体验不仅提升了消费者的满意度,也降低了退货率,进而提高了零售商的运营效率。

(四)基于用户行为数据的精准市场定位

通过对用户行为数据进行深入挖掘,企业能够精准识别潜在客户群体,从而制定更加有效的市场推广策略。这种基于数据的策略制定不仅提升了市场活动的针对性,还显著提高了客户的转化率。数据分析工具的应用使企业能够在纷繁复杂的市场环境中,迅速捕捉到消费者的行为变化和偏好,从而在竞争中占据有利位置。

通过用户行为数据,企业可以进一步优化产品推荐系统,实现个性化营销。这种个性化的推荐不仅提高了用户的满意度,还增强了用户的忠诚度。消费者在享受个性化购物体验的同时,为企业提供了更多的行为数据,形成良性循环。个性化营销策略不仅提升了用户的购物体验,还给企业带来了更高的销售额和市场份额。

用户行为数据的深度分析能够帮助企业洞察市场趋势和消费者偏好,这种洞察能力使企业能够及时调整产品组合,以更好地满足市场需求。通过对用户行为进行持续监测,企业可以预见市场的变化,并在产品开发和市场策略上做出迅速反应。这种灵活性和适应能力使企业在快速变化的市场环境中保持竞争优势,并为消费者提供更符合其需求的产品和服务。

利用用户行为数据,企业能够进行精准的广告投放。这种精准投放不仅提高了广告的点击率和转化率,还大幅提高了营销投资的回报率。通过数据分析,企业可以准确识别受众群体,并在合适的时间和地点向其展示最相关的广告内容。这种精准的广告策略不仅降低了营销成本,还提升了广告的效果和效率,为企业在数字经济时代的营销创新提供了新的思路和方法。

第四节　数字经济与金融业改造升级

一、数字经济与金融产品设计

(一)数字化金融产品创新

基于区块链技术的金融产品创新是数字经济时代的重要突破。区块链技术以其去中心化、不可篡改和透明的特性,为金融产品的设计提供了全新的思路。通过区块链技术,金融交易的透明性和安全性得以显著提升,欺诈风险得以降低。这种创新不仅增强了客户对金融产品的信任,还为金融机构提供了更为安全的交易环境。此外,区块链技术的应用还可以有效降低交易成本,提高交易效率,成为金融产品创新的重要驱动力。

利用人工智能算法实现智能投顾服务,是数字化金融产品创新的重要体现。智能投顾服务通过实时市场分析和投资建议,帮助客户做出更明智的投资决策。人工智能技术的应用,使金融产品能够根据市场变化和客户需求进行动态调整,从而提供更为精准和高效的服务。这种基于大数据和人工智能的创新不仅提升了客户的投资回报,也给金融机构带来了新的业务增长点。

金融产品的自动化处理,是数字经济时代金融业效率提高的重要手段。通过智能合约,金融产品的执行和结算可以实现自动化,显著降低了运营成本,提高了效率。智能合约的自动化特性,使金融交易更加高效和可靠,减少了人为干预带来的风险。这种创新不仅提高了金融机构的运营效率,也为客户提供了更为优质的服务体验。

（二）金融产品的个性化定制

通过对客户行为数据进行深入分析，金融机构能够精准识别客户的具体需求。这种识别能力使金融机构可以提供更具针对性的金融产品设计，从而有助于提升客户的满意度。个性化定制不仅满足客户当前的需求，还通过数据分析预测客户未来可能的需求变化，进而提供超越客户预期的服务。

在金融产品的设计过程中，利用机器学习算法可以实现产品的动态调整。这种调整主要基于客户的风险偏好和投资目标，使金融产品能够始终与客户的实际需求保持一致。机器学习算法通过不断学习和优化，能够在市场波动中灵活应对，提供最优的投资组合建议。这种动态调整不仅提升了金融产品的适应性，也增强了客户的投资信心，使金融机构在客户心中建立专业可靠的形象。

金融产品的个性化定制可以借助在线平台实现，客户通过这些平台可以根据自身的财务状况和个人偏好选择不同的服务组合。这种灵活的选择方式极大地提升了用户体验，使客户能够在便捷的环境中完成复杂的金融决策。同时，在线平台的使用降低了金融服务的门槛，使更多的客户能够享受到个性化定制带来的益处。这种便捷性和灵活性使金融产品更加贴近客户的实际生活需求。

为了实现更精准的产品定制，金融机构可以与第三方数据提供商合作。这种合作使金融机构能够获取更为全面和多样化的数据支持，从而更好地满足市场的多样化需求。通过整合多维度的数据，金融机构能够对市场趋势和客户需求变化做出更快速地响应。这种数据驱动的决策方式使金融产品的个性化定制更加精准和高效，为金融机构在激烈的市场竞争中提供了强有力的支持。

（三）金融产品的智能化管理

智能化管理系统通过人工智能技术的应用，能够实时监测金融产品在市场中的表现，并根据市场动态自动调整投资组合，以优化收益。这种实时监控与调整机制不仅提高了投资组合的灵活性和适应性，还在一定程度上降低了因市场波动带来的投资风险，使投资者能够在瞬息万变的市场环境中保持竞争优势。

智能化管理系统能够利用大数据技术分析客户的交易行为，从而提供个性化的投资建议。通过对大数据进行深入挖掘和分析，智能化管理系统能够识别客户的投资偏好和风险承受能力，进而为其量身定制投资策略。这种个性化服务不仅提升了客户的投资体验，也增强了金融机构与客户之间的黏性和信任度，形成更加紧密的客户关系。

智能化管理平台能够集成多种金融数据源,实现数据的实时更新和分析,支持快速决策。金融市场的信息瞬息万变,实时的数据更新和分析能力使金融机构能够迅速响应市场变化,抓住投资机会。这种集成化的数据管理方式不仅提高了金融产品管理的效率,还为决策者提供了更加全面和准确的信息支持。

二、数字经济与金融服务创新

(一) 数字化金融服务平台

通过在线渠道,数字化金融服务平台提供了便捷的金融产品和服务,使客户能够随时随地访问金融资源,从而大幅提升用户体验。在传统金融体系中,客户通常需要亲自前往银行或金融机构办理业务,数字化平台的出现改变了这一现状。用户只需要通过智能手机或电脑,就可以轻松完成支付、转账、查询账户等操作。这种便利性不仅节省了客户的时间和精力,也提高了金融服务的效率。此外,数字化平台的普及使金融服务的覆盖范围更广,尤其是在偏远地区和金融服务相对匮乏的区域,极大地促进了普惠金融的发展。

在数字化金融服务平台上,集成了多种金融服务,如支付、借贷、投资和保险等,以满足客户多样化的金融需求。这种一站式服务模式不仅简化了用户的操作流程,也提高了客户的满意度。在一个平台上,用户可以轻松管理全部金融事务,无须在多个不同的金融机构之间奔波。这种整合性服务模式也给金融机构带来了新的机遇,通过扩大服务范围和客户群体,提升了市场竞争力。此外,金融机构可以通过对平台上的数据进行分析,更好地了解客户需求,从而开发出更具针对性的金融产品和服务。

大数据分析技术在数字化金融服务平台中的应用,使个性化金融建议和产品推荐成为可能。平台通过对客户行为和偏好进行深入分析,能够为客户提供量身定制的金融方案。这种个性化服务不仅提高了客户的满意度,也增强了客户的忠诚度。客户在享受高效、便捷服务的同时,还能获得符合自身需求的金融产品推荐,从而优化其金融决策。这种基于大数据的分析能力,也使金融机构能够更精准地进行市场定位和产品开发,提高了整体运营效率。

(二) 金融科技应用

金融科技通过人工智能技术的应用,实现了信贷评估的智能化。人工智能能够分析大量的客户数据,进行精确的信用风险评估,从而提高信贷审批的效率和准确性。这种技术的应用不仅加快了信贷流程,还降低了金融机构的运营成本,优化了客户体验。同时,金融科技的发展使信贷服务更加个性化,能够根据客户的信用历史和行为模式提供量身定制的金融产品。

在金融科技中,通过去中心化的账本系统,区块链技术确保了金融交易的透明性和安全性,显著降低了交易成本。区块链的不可篡改特性增强了用户对金融服务的信任,尤其是在跨境支付和供应链金融等领域,区块链技术的应用使交易流程更加高效和可靠。此外,区块链还为金融创新提供了新的可能性,促进了去中心化金融等新兴模式的快速发展。

金融科技平台通过应用程序接口实现了与其他金融服务的无缝对接,这是金融产品整合与创新的重要驱动力。应用程序接口的广泛应用使不同金融服务之间的数据共享和功能集成更加便捷,促进了金融产品的多样化和创新。这种开放式的金融服务模式不仅满足了客户日益多样化的需求,也推动了金融生态系统的协同发展。通过应用程序接口,金融机构能够更灵活地与第三方服务提供商合作,开发出更具竞争力的金融产品。

(三) 客户体验优化

金融机构通过用户行为分析,能够精准捕捉客户需求,提供个性化的产品推荐。这种定制化服务不仅提高了客户的满意度,还显著提升了客户的购买意愿。在数字经济的背景下,客户的期望不断提高,金融机构需要通过数据驱动的策略来满足这些需求。通过深入分析客户的行为模式,金融机构可以在适当的时机推荐最适合的产品或服务,从而实现双赢。

优化客户服务流程是金融机构提升客户体验的关键。借助人工智能技术,金融机构可以实现全天候的客户支持,确保客户在任何时间都能获得及时的帮助。全天候的服务模式不仅增强了客户的服务体验,还提升了客户的满意度。人工智能的应用使服务流程更加高效和精准,减少了客户等待时间,提升了问题解决的速度。金融机构通过这种方式不仅提高了服务质量,还增强了客户的信任和忠诚度。

金融机构利用数据分析工具实时监测客户反馈,能够快速响应客户的需求和问题。这种实时监测机制有助于提高客户关系管理的效率,确保客户的声音被及时听到和处理。通过数据分析,金融机构可以识别出影响客户体验的关键因素,并采取相应的措施加以改进。这种动态的客户关系管理方式,不仅提升了客户的满意度,还给金融机构带来了更深层次的市场洞察力,使其能够更好地应对市场变化。

通过简化在线申请和交易流程,金融机构可以显著提升用户体验。便捷的在线流程使客户能够更轻松地获取金融服务,增强了客户的黏性。在数字经济的推动下,金融服务的数字化转型使客户可以随时随地进行交易和申请,极大地方便了客户的生活。通过不断优化和简化流程,金融机构不仅提高了服务效率,还为客户创造了更为流畅的体验,进一步巩固了客户关系。

三、数字经济与金融风险管理

(一) 风险识别与评估

通过数据挖掘技术,金融机构能够识别潜在的风险因素,并分析这些因素对金融产品和服务的影响。这一过程不仅为后续的风险管理提供了坚实的依据,还提升了金融机构应对不确定性的能力。随着数字经济的快速发展,金融机构需要不断更新和完善风险识别机制,以便在复杂多变的市场环境中保持竞争力。

利用大数据分析工具,金融机构可以更准确地评估市场波动、信用风险和流动性风险。这些工具能够处理海量数据,并通过复杂的算法揭示隐藏的风险模式,帮助金融机构制定有效的风险应对策略。通过对历史数据进行分析,金融机构可以预测未来的风险趋势,从而在风险发生之前采取预防措施。大数据分析的应用给金融风险管理带来了前所未有的精准性和效率。

建立多维度的风险评估模型是金融风险管理的重要环节,该模型结合市场动态、客户行为和外部环境因素,对金融风险的发生概率及其影响程度进行全面分析。这种多维度的分析方法不仅提高了风险评估的准确性,还增强了金融机构对复杂风险环境的适应能力。通过对不同维度的风险进行综合评估,金融机构可以更好地理解风险的全貌,从而制定更加全面的风险管理策略。

实施实时监控系统是确保金融机构能够快速响应潜在风险的关键措施。实时监控系统能够及时识别和反馈风险信号,使金融机构在风险发生的早期阶段就采取相应的措施,降低了损失的可能性。这种实时监控能力不仅提高了金融机构的风险应对速度,还增强了其在市场中的竞争优势。在数字经济背景下,金融机构必须不断提升其实时监控能力,以应对日益复杂的金融风险。

（二）风险控制与缓释

1.建立全面的风险监测系统

通过实时数据分析,金融机构能够及时识别潜在风险和异常情况,这在快速变化的市场环境中尤为重要。实时监测和分析不仅提升了金融机构的反应速度,还增强了其应对复杂金融风险的能力。这种系统的建立依赖先进的信息技术和数据处理能力,确保金融机构能够迅速采取有效的应对措施,降低风险事件对机构的冲击。

2.实施动态风险评估机制

随着市场环境的不断变化,风险评估模型需要定期更新,以反映最新的市场动态和客户行为。这种动态调整的机制能够确保风险控制策略的有效性和适应性,避免因市场变化而导致的风险失控。在此过程中,金融机构需要密切关注市场趋势和客户需求的变化,并将其纳入风险评估模型中,以提高风险管理的精准度。这种动态评估不仅提升了风险管理的灵活性,也使金融机构在面对不可预见的风险时具有更强的应对能力。

3.使用多样化的风险缓释工具

保险和衍生品等工具在风险管理中扮演着重要角色,通过这些工具,金融机构可以降低潜在损失的影响。保险作为传统的风险缓释工具,能够为金融机构提供基本的风险保障,衍生品则通过金融市场的操作,帮助机构实现更为复杂的风险转移。多样化的风险缓释工具不仅提高了金融机构的抗风险能力,也为其提供了更加灵活的风险管理策略,并且成为金融机构在复杂多变的金融市场中稳健运营的重要保障。

4.加强风险管理文化建设

通过增强员工的风险意识和应对能力,金融机构可以实现全员参与的风险管理模式。这种文化的建设需要从组织的各个层面入手,包括高层领导的支持、员工培训的加强及风险管理制度的完善。只有当每位员工都具备良好的风险意识,并能够在日常工作中主动参与风险管理,金融机构才能真正实现全面的风险控制与缓释。这不仅有助于提升机构的整体风险管理水平,也为其在数字经济时代的持续发展奠定了坚实的基础。

（三）风险合规管理

金融机构在数字经济时代面临着复杂的风险环境，因此建立健全的风险合规管理体系尤为重要。风险合规管理不仅是应对法律法规要求的必要措施，也是金融机构可持续发展的基石。通过完善的合规管理体系，金融机构可以确保在开展业务时严格遵循相关法规，从而有效降低合规风险。合规管理体系的建立需要从顶层设计入手，明确机构的合规目标和策略，并在组织内部形成自上而下的合规文化，使每位员工都能够意识到合规的重要性和必要性。

定期实施风险合规审计是确保金融产品和服务合规性的重要手段。通过审计，金融机构能够对其产品和服务的合规性进行全面评估，及时发现并纠正潜在的合规问题。这一过程不仅能够帮助机构识别和防范风险，还能够提高其市场竞争力和信誉度。在审计过程中，金融机构需要重点关注新产品和新服务的合规性，以确保其符合最新的法律法规和市场标准。此外，审计结果应当及时反馈给管理层，以便其根据审计发现调整合规策略和措施。

强化员工的风险合规培训，是增强全员合规意识和风险管理能力的关键。在数字经济背景下，金融业务的复杂性和多样性不断增加，员工必须具备相应的知识和技能，以确保在日常操作中遵循合规要求。通过系统的培训计划，金融机构可以帮助员工理解最新的合规政策和相关法规，掌握必要的风险管理工具和技术。培训不仅要覆盖新员工，也应定期对现有员工进行更新和强化，以确保他们能够应对不断变化的合规环境。

四、数字经济与金融监管

在数字经济的推动下，金融监管机构逐渐采用大数据分析技术，以实现对市场动态和金融机构运营状况的实时监测。这种技术的应用显著提高了监管的精准性和有效性，使监管机构能够更快速地响应市场变化。此外，大数据分析还为监管者提供了更丰富的信息和洞察力，帮助他们在金融市场中做出更明智的决策。这种实时监测能力是传统金融监管方式所无法比拟的，代表了金融监管的一次巨大转变。

区块链技术的引入为金融监管提供了新的工具，确保交易的透明性和不可篡改性。通过区块链技术，金融监管机构能够对每一笔交易进行详细记录，从而增强金融市场的信任和合规性。这种技术特性有效防止了数据的篡改和欺诈行为，为金融市场的健康发展提供了坚实的基础。区块链的去中心化特性也使监管机构能够在不依赖单一中介的情况下进行监管，减少了中介环节带来的风险和不确定性。

　　建立数字化监管平台是金融监管数字化转型的重要组成部分，这样的平台能够实现信息共享与跨机构协作，提高金融监管的整体效率和响应能力。通过数字化平台，监管机构可以更快捷地获取和分析数据，进行跨部门的协同工作。这种协作机制不仅提高了监管的效率，还增强了各机构之间的沟通和协调能力，确保各机构在复杂的金融环境中能够快速应对各种挑战。数字化监管平台的建立标志着金融监管进入了一个全新的阶段。

第五章 数字经济与新兴产业培育

第一节 数字经济与新能源产业培育

一、新能源产业的类型

（一）风能产业

风能产业的发展不仅依赖于自然条件，更受益于技术创新和数字化转型。在全球能源转型的大潮中，风能产业通过引入先进的数字技术，如大数据分析、物联网和人工智能，不断提升风力发电效率和管理水平。通过这些技术的应用，风能企业可以实现对风力发电设备的实时监控和预测性维护，从而降低运营成本，提高发电效率。这种技术创新不仅推动了风能产业的快速发展，也为其他新能源产业的数字化转型提供了借鉴。

随着全球对化石能源依赖的减少，风能作为一种清洁可再生能源，逐渐成为能源结构调整的重要选项。风能的广泛应用，不仅能降低温室气体排放，缓解气候变化，还能减少对进口能源的依赖，提升国家能源安全水平。此外，风能产业的发展还促进了相关技术的进步和应用，推动了整个能源行业的技术创新和结构优化。

风能项目的建设和运营不仅带来了直接的经济效益，还创造了大量的就业机会，尤其是在偏远和经济欠发达地区。风能产业通过吸引投资、带动相关产业链的发展，提升了地方经济的活力和竞争力。同时，风能项目的成功实施为地方政府提供了可持续发展的范例，促进了区域经济的协调发展。

风能产业的环境效益和可持续发展特性使其成为实现绿色经济的重要一环。风力发电过程中不产生二氧化碳等温室气体排放，符合全球可持续发展的目标。此外，风能产业还具有较低的环境影响，风力发电设备的生命周期内，土地使用和生态影响相对较小。通过合理的规划和管理，风能产业可以与自然环境和谐共存，实现经济效益与环境保护的双赢。

（二）太阳能产业

随着技术的不断进步,太阳能产业已成为推动能源结构转型的重要力量。其核心在于将太阳能转化为电能,通过光伏技术、光热技术等多种途径实现能源的清洁生产。这一产业不仅在降低碳排放方面贡献卓著,还在为偏远地区提供能源解决方案方面发挥了重要作用。太阳能产业的发展不仅是技术进步的结果,也是政策支持和市场需求共同驱动的结果。

在数字经济的推动下,太阳能产业的技术创新呈现出加速发展的态势。数字化转型给太阳能产业带来了新的机遇,通过大数据、物联网和人工智能等技术的应用,太阳能发电效率得到了显著提升。同时,数字化技术促进了太阳能产业链的智能化管理,从而提高了生产效率和资源利用率。这种转型不仅提升了企业的竞争力,还为整个新能源领域的可持续发展提供了新的思路和模式。

在全球能源结构优化的过程中,太阳能产业发挥了不可替代的关键作用。作为一种清洁、可再生的能源形式,太阳能的广泛应用有助于减少对传统化石能源的依赖,降低温室气体排放,从而改善全球气候环境。太阳能产业的发展,使能源供应更加多元化和安全化,尤其是在一些太阳能资源丰富的国家和地区,太阳能已成为其能源结构中的重要组成部分。这不仅有助于实现能源的绿色转型,也为全球可持续发展目标的实现提供了有力支持。

（三）生物质能产业

生物质能产业是利用生物质材料转化为可再生能源的产业类型,其主要包括生物质发电、生物燃料和生物质供热等形式。生物质能作为一种重要的可再生能源,具有资源丰富、分布广泛和可再生的特点。随着全球对环境保护和可持续发展的重视,生物质能产业逐渐成为能源结构调整和优化的重要组成部分。在数字经济的推动下,生物质能产业不仅在技术上实现了突破,还在商业模式和产业链条上进行了创新,从而提升了其市场竞争力和可持续发展能力。

在数字经济时代,技术创新和数字化转型成为生物质能产业发展的关键驱动力。通过数字技术的应用,生物质能产业在生产、管理和服务等环节实现了智能化和高效化。例如,物联网技术的应用使生物质能生产设施能够实现实时监控和智能调控,从而提高了生产效率和资源利用率。此外,大数据分析和人工智能技术的引入,使生物质能产业能够更精准地进行市场预测和决策支持,推动了产业的整体数字化转型。这种技术创新不仅提升了产业的竞争力,也为生物质能的广泛应用提供了坚实的技术基础。

作为可再生能源的一部分,生物质能可以有效替代化石能源,降低对传统能源的依赖,减少温室气体排放,从而实现能源结构的绿色转型。在数字经济的助力下,生物质能产业通过技术创新和产业链优化,显著提升了其在能源结构中的占比和作用。通过构建智能化的能源管理系统,生物质能能够更好地与其他可再生能源协同发展,实现能源的多元化供应和高效利用,为可持续的能源发展提供了重要支撑。

生物质能产业对地方经济发展具有显著的推动效应。首先,生物质能产业的发展能够创造大量的就业机会,尤其是在农村和偏远地区,有助于促进区域经济的均衡发展。其次,生物质能产业通过利用当地的生物质资源,能够提高资源的利用效率,增加地方财政收入。最后,在数字经济的支持下,生物质能产业还能够带动相关产业链的发展,如设备制造、技术服务和工程建设等,从而形成产业集群效应,进一步推动地方经济的可持续发展。

生物质能产业的环境效益显著,为可持续发展提供了重要路径。生物质能利用过程中,碳排放相对较低,能够有效减少温室气体的排放,缓解气候变化带来的压力。同时,生物质能的开发利用有助于改善环境质量,减少空气污染和土地退化。在数字经济的背景下,通过智能化管理和数字化技术的应用,生物质能产业的环境效益进一步提升,推动了整个产业的绿色转型和可持续发展,为实现全球可持续发展目标做出了积极贡献。

二、数字经济下的新能源产业规划

(一) 规划原则

在数字经济的推动下,新能源产业的规划需要遵循一系列原则,以确保其可持续发展和竞争力。

1.明确新能源产业的数字化转型目标

新能源产业的数字化转型目标不仅要与国家能源战略相一致,还要充分考虑全球能源市场的动态变化。通过数字化转型,新能源产业能够更有效地整合资源,提高生产效率,并在全球市场中占据有利地位。这一过程要求企业在技术创新和管理模式上进行创新,以适应数字经济带来的新挑战和机遇。

2.鼓励多方合作

政府、企业和科研机构在新能源产业领域的协同创新,可以有效推动技术进步和产业升级。政府应发挥引导和支持作用,通过政策激励和资金投入,推动企业和科研机构的合作。企业需要积极探索与高校和科研院所的合作模式,通过产学研结合,实现技术突破和产业化应用。科研机构需要加强基础研究,为产业发展提供科技支撑。多方合作能够形成合力,加速新能源技术的创新和应用。

3.注重可持续发展

规划者需要确保产业发展符合生态环境保护的要求,以实现经济效益与环境效益的双赢。在规划过程中,应重视清洁能源的开发和利用,减少对化石能源的依赖。同时,需加强对新能源开发过程中的环境影响评估,确保各项措施符合环保标准。此外,推进绿色技术的研发和应用,提升资源利用效率,减少排放和浪费,是实现可持续发展的重要途径。

4.应用数字经济技术

强化数据驱动决策,利用大数据、人工智能等技术提升产业效率和竞争力,已成为规划中的关键环节。通过数据分析,企业可以更准确地预测市场需求,优化供应链管理,提高生产和运营效率。同时,数据驱动的决策能够帮助企业更好地把握市场机遇,规避风险,提升市场竞争力。数字技术的应用不仅提高了产业效率,还为企业创新商业模式提供了新思路。

(二) 规划实施

在数字经济的背景下,新能源产业的规划实施需要系统化和精细化的策略。规划实施的成功与否直接关系到产业发展的速度和质量。

1.建立新能源项目的实施时间表

时间表不仅要明确各阶段的关键节点,还要设定清晰的里程碑,确保项目按时推进。通过对时间表的科学管理,可以有效减少项目延期的风险,提升整体效率。此外,明确的时间节点有助于各方协调资源,优化项目进程。

2.制订资金筹措方案

制订详细的资金筹措方案,结合政府政策与市场投资,能够有效保障项目的资金需求。在数字经济的支持下,利用大数据分析与金融科技,可以更精准地预测资金流动,优化资金配置。同时,政府的政策支持,如税收优惠和补贴,也为资金筹措提供了重要保障。市场投资者的参与不仅能带来资金,还能带来先进的管理经验和技术支持。

3.定期进行项目进展评估

通过利用数据分析工具,实时监测项目的运行情况与效率,可以及时发现问题,并调整实施策略。这种动态调整能力是数字经济赋予新能源产业的一大优势。通过数据驱动的决策,管理者可以更灵活地应对市场变化和技术进步,保持项目的竞争力和创新力。

4.建立利益相关者沟通机制

在项目实施过程中,各方信息的畅通是促进合作与协同发展的基础。通过建立有效的沟通渠道,各利益相关者可以及时分享信息、协调行动,从而减少误解和冲突。数字经济提供的多样化沟通工具,如在线会议和协作平台,为利益相关者之间的高效沟通提供了技术支持。通过这种开放和透明的沟通机制,可以增强各方对项目的信任和支持,推动新能源产业的可持续发展。

三、数字经济下的新能源产业交易

(一) 交易平台

构建多元化的交易平台,能够有效支持新能源产业链各环节的交易需求,从而提升交易效率与透明度。通过提供一个集中的交易环境,参与者可以更便捷地进行信息交流和资源共享,减少中间环节的烦琐操作。这种多层次的交易平台不仅促进了市场的流动性,还为新能源产业的快速发展提供了坚实的基础。

为了确保交易过程的安全性与可信度,区块链技术的引入显得尤为关键。区块链技术以其去中心化、不可篡改的特性,有效防止了信息篡改与欺诈行为的发生。通过将交易信息记录在区块链上,所有交易过程都变得透明且可追溯,参与者可以放心地进行交易。这种技术的应用不仅提高了交易的安全性,还增强了市场的信任度,为新能源产业的健康发展保驾护航。

建立用户评价与信用体系,是促进新能源产业内诚信交易的重要保障。通过对交易者的行为进行评价与记录,可以有效提升市场的透明度与参与者的信任度。信用体系的建设,不仅能激励交易者遵循诚信原则,还能为市场引入更多优质的参与者,增强市场活力。这种以信用为基础的交易环境,为新能源产业的可持续发展提供了有力支持。

(二) 交易机制

交易机制的核心在于通过技术手段提升交易的效率和准确性。建立基于智能合约的自动化交易机制成为关键,这种机制通过区块链技术实现自动执行合同条款,减少人为干预,确保交易的透明和安全。这种智能化的交易机制不仅提高了交易速度,还降低了交易成本,使新能源产业能够更快速地响应市场变化。

制定透明的定价机制是确保交易公平性的重要方面。在数字经济环境下,定价机制需要依据市场供需关系和实时数据进行调整。通过大数据分析,市场参与者可以更准确地预测市场趋势,从而在定价过程中更加公正和透明。这种基于数据驱动的定价策略不仅能够增强市场信任,还能吸引更多投资者参与新能源市场,推动产业的健康发展。

为了促进资源的优化配置,引入多方参与的竞价机制是必要的。竞价机制通过引入更多的市场参与者,增加市场的流动性和竞争性,使资源配置更加高效。这种机制不仅能够发现资源的真实市场价值,还能通过竞争压力提升产业的创新能力和服务质量。在数字经济的背景下,竞价机制的有效运作依赖于信息技术的支持,确保交易过程的公开透明。

(三) 交易风险管理

交易风险管理是确保产业稳定发展的核心环节,它不仅涉及对市场风险的识别和控制,还涉及对法律、操作及信用风险的全面管理。

1.建立全面的风险评估模型

通过建立全面的风险评估模型,可以定期分析市场动态和潜在风险因素,这有助于及时识别和应对交易风险。这样的模型需要整合多方面的数据,包括市场价格波动、政策变化及技术进步等因素,以便为企业提供可靠的风险预警和决策支持。

2.制定严格的合规政策

在新能源产业的交易过程中,合规政策能够确保所有交易活动符合相关法律法规,避免因法律风险带来的潜在损失。企业需要密切关注国内外法律环境的变化,及时更新合规政策和流程,以适应不断变化的市场环境。合规不仅是企业自我保护的手段,也是提升市场信誉的重要途径。

3.实施多层次的风险监控机制

通过实时数据监测和预警系统,企业可以及时发现异常交易行为,迅速采取措施进行纠正和防范。这种机制需要依托先进的信息技术和数据分析工具,能够对交易活动进行全方位的监控和分析。实时监控不仅可以提高企业对风险的反应速度,还可以为企业提供更加精准的风险管理策略。

4.引入专业的风险管理团队

专业团队负责交易风险的识别、评估和管理,能够为企业提供专业化、系统化的风险管理服务。这些团队通常具备丰富的行业经验和专业知识,能够根据企业的具体情况制订个性化的风险管理方案。此外,团队的专业分析和判断也有助于企业在复杂的市场环境中做出更为明智的决策。

5.建立交易保险机制

交易保险机制可以在一定程度上分散和转移风险,为企业和投资者提供更为稳固的保障。通过购买保险,企业能够在遭遇不可预见的风险事件时获得经济补偿,从而减少损失。这不仅有助于增强市场信心,也为企业的长远发展提供了更为坚实的基础。

四、数字经济下的新能源产业项目管理

(一)项目立项

1.明确项目的目标与范围

项目目标的设定需要结合行业发展趋势和企业自身的战略规划,确保项目的

实施能够给企业和行业带来长远的利益。此外,项目范围的界定需考虑到项目的实际能力和资源配置,以避免因范围不当而导致的资源浪费或项目偏离。

2.进行全面的市场需求分析

通过市场调研与数据分析,识别潜在的市场机会与挑战,为项目的决策提供科学依据。市场需求分析不仅需关注当前的市场环境,还需预测未来市场的变化趋势,以便项目能够在激烈的市场竞争中占据有利地位。同时,识别市场中的挑战和风险因素,制定相应的应对策略,是确保项目顺利推进的前提。

3.评估项目的技术可行性

随着技术的不断更新迭代,确保所采用的技术符合最新的行业标准与趋势,是项目成功的技术保障。技术可行性评估包括对技术成熟度、技术支持能力及技术创新潜力的全面分析。通过评估,项目团队能够选择最优的技术方案,降低项目实施过程中的技术风险,提高项目的成功率。

4.制订详细的项目预算与资金来源计划

项目预算不仅要涵盖项目实施的各个阶段,还需考虑项目可能遇到的不可预见费用。资金来源计划则需明确项目的融资渠道与资金使用计划,以确保项目的经济可持续性。合理的预算与资金计划不仅能提高项目的资金使用效率,还能为项目的顺利实施提供坚实的财务保障。

5.建立项目团队

建立项目团队,并明确各成员的职责与分工,是确保项目高效推进的关键。项目团队的组建应以项目需求为导向,选择具备相关专业技能与经验的成员。明确的职责分工能够提高团队协作效率,减少内耗与冲突。同时,建立有效的沟通机制与协调机制,确保项目团队能够在项目实施过程中保持高效运作,及时解决遇到的问题与挑战。通过科学的项目管理,新能源产业项目能够在数字经济的浪潮中实现高效、可持续的发展。

(二) 项目执行

1.制订详尽的项目执行计划

在数字经济的背景下,新能源产业项目的执行需要制订详尽的计划,以确保项目的顺利推进。项目执行计划是项目管理的核心,需明确各阶段的任务、时间节点和资源配置。通过合理的计划,可以有效地协调各个环节,确保项目的各项活动能够按计划有序进行。项目执行计划不仅是项目实施的指南,也是项目团队成员行动的依据,以帮助团队明确目标和职责,从而提高整体执行效率。

2.建立有效的沟通机制

项目团队成员之间的沟通不仅包括日常的工作交流,还包括对执行过程中遇到问题的及时反馈和解决。通过建立畅通的信息渠道,团队成员可以快速分享信息、交流意见,从而更好地应对项目执行中的各种挑战。这种沟通机制有助于形成一个协作高效的团队,提升项目执行的整体效率和效果。

3.实施项目进度监控

通过定期评估项目的实施情况,管理者可以及时发现并纠正偏离计划的情况。进度监控不仅包括对当前工作的检查,还包括对未来工作的预测和调整。通过有效的进度监控,可以确保项目在既定的时间框架内完成,并为项目的成功实施提供保障。进度监控还可以帮助识别潜在的问题和障碍,从而为后续的项目执行提供改进的依据。

4.开展项目风险评估与管理

通过识别潜在风险并制定相应的应对措施,项目团队可以提前做好准备,降低风险对项目的影响。风险评估不仅包括对已知风险的管理,还包括对未知风险的预测和防范。通过系统的风险管理,项目可以在执行过程中保持稳健的进展,确保项目目标的实现。

五、数字经济下新能源产业的新模式与新业态

(一) 分布式能源模式

分布式能源模式强调在用户侧进行能源生产,这不仅提升了能源自给自足能力,还有效降低了对集中式电网的依赖。这种模式的核心在于利用可再生能源技术,如太阳能和风能,在不同地理位置实现能源的局部生产与消费。通过这种方式,分布式能源模式增强了能源供应的灵活性,使能源的获取不再局限于传统的

集中式生产和分配体系。

在分布式能源模式中,智能化的能源管理成为可能。借助于数字技术,能源的生产与消费可以实现实时监控与优化调度,从而大幅提高能源使用效率。这种智能化管理不仅能够减少能源浪费,还能在需求波动时提供快速响应能力,确保能源供应的稳定性与可靠性。此外,数字技术的应用还使能源管理系统能够进行预测性维护,进一步提高系统的整体效率与安全性。

分布式能源模式的推广对社区的能源生产与消费产生了深远影响。通过这种模式,社区居民可以更加积极地参与能源生产,增强公众对可再生能源的认知与接受度。这种参与不仅推动了绿色经济的发展,还促进了社区的可持续发展。公众的参与度提高,使可再生能源的普及不再只依赖政策推动,而是转变为一种自下而上的主动选择,形成良性循环。

(二)能源互联网业态

能源互联网业态通过数字技术实现了能源的智能化管理,极大地提升了能源生产、传输和消费的效率。这一业态的核心在于利用物联网、大数据和人工智能等技术,对能源系统进行全方位的智能监控和管理。通过实时数据的采集与分析,能源互联网能够优化能源的供需平衡,减少能源浪费,提高系统的整体效能。这种智能化的管理模式不仅提升了能源的使用效率,还为能源供应链的各个环节提供了更高的透明度和可控性。

能源互联网业态的显著特点是促进了多种能源形式的融合与优化配置,推动了可再生能源的广泛应用与集成。通过构建一个开放的、互联互通的能源网络,传统的单一能源系统转变为多种能源形式并存的综合能源系统。这种融合不仅能提高可再生能源的利用率,还能有效降低对化石能源的依赖,从而实现能源结构的优化和环境的可持续发展。能源互联网为可再生能源的消纳提供了新的解决方案,促进了新能源产业的快速发展。

在用户层面,能源互联网业态为用户提供了灵活的能源选择,支持用户根据需求进行个性化的能源管理与消费。用户可以通过智能终端设备实时监控自己的能源使用情况,并根据电价、需求等因素调整用能策略。这种灵活性不仅提高了用户的用能效率,还为用户节省了能源成本。此外,用户还可以通过参与分布式能源的生产和交易,成为能源系统中的积极参与者。这种用户参与的模式改变了传统的能源消费观念,推动了能源消费向绿色、低碳方向发展。

能源互联网业态利用大数据和人工智能技术,实现了能源系统的实时监测与预测,显著提升了系统的响应能力与稳定性。通过对历史数据和实时数据的分析,能源互联网能够提前预测能源需求的变化,并及时调整能源供应策略。这种预测能力不仅能提高能源系统的可靠性,还能有效应对突发的能源需求变化,降低能源供应中断的风险。通过智能化的预测和调度,能源互联网为构建安全、稳定的能源系统提供了技术保障。

能源互联网业态通过构建开放的市场环境,促进了各类参与者的合作与创新,推动了新商业模式的形成。在开放的市场中,能源生产者、消费者、服务提供商等各类主体通过数字平台实现互联互通,形成了一个动态的能源生态系统。这种合作模式不仅激发了市场活力,还促进了技术创新和商业模式的多样化。通过开放的市场机制,能源互联网业态为新能源产业的发展提供了新的动力,推动了数字经济与能源产业的深度融合。

(三) 智能电网模式

智能电网模式通过先进的通信技术实现电力系统的实时监控与数据传输。这种技术进步显著提高了电力供应的可靠性与安全性,使电力系统能够及时响应各种突发情况,保障电力的稳定供应。通过实时监控,电网能够迅速检测和定位故障点,减少停电时间,提升用户体验。

智能电网模式的优势在于其对可再生能源的集成与管理。通过优化能源生产与消费的平衡,智能电网有效促进了绿色能源的利用。这种模式能够实时监测风能、太阳能等可再生能源的输出,并根据需求调整传统能源的使用比例,确保能源供应的稳定性和效率。智能电网的应用不仅提升了能源利用效率,还推动了能源结构的绿色转型,为实现可持续发展目标提供了有力支持。

智能电网模式还支持用户积极参与需求响应,通过动态电价机制激励用户调整用电行为。这种机制不仅提高了整体能源使用效率,还为用户创造了节约电费的机会。在电价波动较大的时段,用户可以选择在电价较低时段用电,从而实现经济效益的最大化。这种互动模式不仅增强了用户的节能意识,也促进了电力资源的合理配置。

智能电网模式促进了电力市场的灵活性,支持多种交易方式与商业模式的创新。通过开放的市场平台,更多的市场参与者能够参与电力交易,提升了市场的竞争力。这种灵活性为电力市场注入了新的活力,推动了电力行业的创新发展。智能电网不仅是技术的进步,也是商业模式的创新。

第二节 数字经济与生物产业培育

一、生物产业的类型

(一) 生物制药

生物制药的核心在于通过技术创新与数字化转型来推动药物研发效率和精准性的提升。数字经济的快速发展为生物制药行业提供了新的工具和平台,使药物研发过程中的数据分析、模拟实验和临床试验更加高效。通过大数据分析和人工智能技术,研究人员能够更快地识别潜在的药物分子,加速药物的筛选和优化过程。这种技术的应用不仅缩短了研发周期,还提高了药物的成功率和安全性,从而为患者提供更精准的治疗方案。

生物制药在疾病治疗中发挥着关键作用,尤其是在癌症、遗传病等领域的应用。现代医学的发展使个性化治疗成为可能,而生物制药正是实现这一目标的重要手段。通过基因测序和生物标志物的检测,医生可以根据患者的具体情况制订个性化的治疗方案,提高治疗的有效性和安全性。生物制药的进步不仅给患者带来了希望,也推动了医学科学的发展。

生物制药产业链的构建与协同发展是促进研发、生产与市场有机结合的重要途径。一个完整的生物制药产业链包括基础研究、临床开发、生产制造和市场营销等多个环节。数字经济的介入使各环节之间的协同更加紧密,通过信息技术的支持,不同环节的数据可以实现无缝对接,从而提高整体运作的效率。此外,跨国合作和产业联盟的形成,也为生物制药产业链的优化提供了新的思路。

(二) 生物农业

生物农业通过基因编辑技术显著提升作物的抗病虫害能力,实现精准农业管理。这一技术的应用,使农作物能够在不利的环境中依然保持高产量和高质量。基因编辑技术不仅提高了作物的抗性,还减少了农药的使用,降低了对环境的负担。这种技术的进步,标志着农业从传统的依赖自然条件转向依赖科技创新。

在生物农业中,数字化技术的应用是其发展的一大亮点。通过先进的传感器和数据分析技术,农民可以实时监测土壤和作物的状态,从而优化资源的配置与使用效率。这种数字化的监测手段,使农民能够根据实际需求合理施肥、灌溉,从而提高作物的产量和质量。同时,这减少了资源的浪费,降低了农业生产的成本。数字技术的应用,使农业生产更加科学化、精细化。

生物农业不仅关注产量的提高,也注重生态平衡与可持续发展。通过减少化肥和农药的使用,生物农业有效地减少了农业生产对环境的负担。生态友好的生产方式,不仅保护了自然环境,还为后代留下了可持续发展的空间。生物农业的发展理念,强调人与自然的和谐共生,是未来农业发展的重要方向。

(三) 生物能源

生物能源的技术创新是其发展的核心,通过转基因微生物和酶的应用,显著提高了生物质转化效率。这种技术进步不仅提升了能源生产的可持续性,还为生物能源在能源市场中的竞争力提供了有力支持。技术创新的持续推动,使生物能源在应对传统能源局限性方面展现出独特的优势。

在环境保护方面,生物能源的贡献尤为重要。通过利用可再生资源,生物能源有效减少了对化石燃料的依赖,显著降低了温室气体的排放。这种低碳经济的发展模式,不仅符合全球环保趋势,也为各国实现碳中和目标提供了可行的路径。生物能源的广泛应用,正在逐步改变能源结构,为全球生态环境的改善提供了新的可能。

市场机制在生物能源的推广中发挥着重要作用。政府政策的支持与市场需求的结合,是推动生物能源产品普及的关键。通过制定合理的政策框架和激励措施,政府可以有效引导市场资源流向生物能源产业。同时,市场需求的增长反过来推动了生物能源技术的进步和成本的降低。

生物能源的发展不仅具有经济和环境效益,还具有显著的社会效益。通过提供就业机会和促进农村经济发展,生物能源增强了社区对可再生能源的接受度与参与感。这种社会效益的实现,不仅提升了生物能源的社会价值,也为其在全球范围内的推广奠定了基础。

二、数字经济下的生物产业市场扩展

(一) 生物产品的数字化营销

数字化营销不仅是传统营销手段的延伸,更是通过互联网技术实现生物产品与消费者之间的精准对接。其基本概念在于利用数字技术,特别是大数据、人工智能等先进工具,提升生物产品的市场渗透能力和品牌影响力。在这个过程中,企业可以通过分析消费者行为和市场趋势,制定更为精准的营销策略,使生物产品在市场中占据更有利的位置。数字化营销的重要性不仅在于提升销售额,更在于增强品牌忠诚度和客户满意度,从而实现可持续发展。

社交媒体平台的广泛应用为生物产品的品牌宣传和用户互动提供了新的渠道,通过平台上的精准广告投放和互动活动,企业能够有效地提高品牌知名度并吸引潜在客户。社交媒体的即时性和广泛性,使生物产品能够快速响应市场变化和消费者需求,从而在竞争激烈的市场中占据优势。此外,社交媒体还可以通过用户生成内容和口碑传播,增强品牌的可信度和影响力。利用社交媒体平台进行品牌宣传,更是与消费者建立长期关系的重要手段。

电子商务平台的兴起为生物产品的线上销售和市场拓展提供了广阔的空间,通过电商平台,生物产品可以突破地域限制,面向全球市场进行销售。同时,电商平台的数据分析功能,能够帮助企业了解消费者的购买习惯和偏好,从而优化产品组合和定价策略。线上销售不仅降低了营销成本,还提高了市场反应速度,使企业能够快速调整策略以应对市场变化。通过电子商务,生物产品不仅实现了销售渠道的多元化,还增强了市场竞争力。

(二) 生物产业的国际市场拓展

数字技术的应用,使生物产业能够更高效地识别和进入目标市场。通过大数据分析,企业可以精准地锁定具有潜力的国际市场,优化资源配置,提升市场进入的效率和效果。明确的战略规划是生物产业国际化的关键,包括目标市场的选择、进入策略的制定及资源的有效利用。这不仅能使企业在全球范围内拓展业务,还能确保其在激烈的国际竞争中立于不败之地。

在国际市场拓展过程中,生物产业需要熟悉并利用国际贸易政策与法规,以优化生物产品的出口流程。通过降低市场准入壁垒,企业可以更顺利地将产品推向国际市场,增强其全球竞争力。数字经济提供的技术工具,使企业能够实时了解各国的贸易政策变化,从而及时调整出口策略,确保符合国际标准和法规要求。这种灵活性和适应性是生物产业在国际市场中取得成功的重要因素。

此外,建立国际合作网络是生物产业提升全球影响力的重要手段。通过国际间的技术交流与资源共享,企业可以获取最新的技术发展动态和市场趋势,进而增强自身的创新能力和市场竞争力。数字平台的广泛应用,使跨国合作更加便捷和高效。通过这些合作,生物产业不仅能扩大市场份额,还能在国际舞台上建立起强大的品牌形象和声誉。

（三）生物产业的线上销售渠道

生物产业的线上销售渠道包括自建电商平台、第三方电商平台及社交媒体销售等多种形式，能够满足不同消费者的购买习惯和偏好。自建电商平台使企业能够直接与消费者互动，提供定制化的购物体验；而第三方电商平台则凭借其庞大的用户基础和成熟的物流体系，为生物产品提供了广阔的市场空间。此外，社交媒体销售利用其强大的传播能力和社群效应，帮助生物产业企业迅速提升品牌知名度和产品影响力。

数字化手段在生物产业的线上销售中扮演着关键角色，特别是在精准营销方面的应用。通过对消费者数据的深入分析，企业能够进行个性化推荐，提供符合消费者需求的产品，从而提高生物产品的转化率和客户满意度。数据分析不仅能帮助企业识别潜在客户，还能优化营销策略，降低获客成本。精准营销的实施，使生物产品能够在竞争激烈的市场中脱颖而出，吸引更多消费者的关注和购买。

线上销售渠道的成功运作离不开高效的物流管理与供应链优化。数字技术在这一方面的应用，显著提升了配送效率并降低了物流成本。通过智能化的物流管理系统，企业能够实时监控货物状态，合理安排配送路线，确保生物产品的新鲜度和质量。同时，供应链的优化意味着更快的响应速度和更高的库存周转率，这对于生物产品的销售至关重要，因为其对保质期和存储条件有着较高的要求。

为了增强消费者的购买信心和品牌忠诚度，生物产业企业还需建立完善的线上客户服务系统。通过提供专业的咨询与售后服务，企业能够及时解决消费者在购买过程中遇到的问题，提升用户体验。这种客户服务不仅包括问题解决，还包括对消费者的持续关怀和互动，形成良好的品牌形象和用户口碑。通过这些措施，生物产业企业能够在激烈的市场竞争中保持优势，进一步拓展市场份额。

三、数字经济下的生物产业技术研发

（一）生物技术研发平台建设

1. 构建高效的数据处理能力和灵活的应用接口

通过构建高效的数据处理能力和灵活的应用接口，生物技术研发平台能够满足多种生物技术的研发需求。平台的技术架构设计需充分考虑数据处理的速度与准确性,确保在处理大量生物数据时不失其精确性和可靠性。此外,灵活的应用接口能够支持不同研发团队的多样化需求,使各类生物技术项目能够在同一平台上进行高效运作。这种架构不仅提升了研发效率,还为生物产业的创新发展提供了坚实的技术基础。

2.建立开放的合作机制

通过促进高校、科研机构与企业之间的资源共享与技术交流,生物技术能够实现集成创新。这种合作机制不仅打破了传统研发模式的局限,还给各方带来了新的发展机遇。在开放合作的环境下,各参与方可以充分发挥自身优势,实现资源的最优配置与技术的快速迭代。通过共享实验数据、研发工具和创新成果,各方能够在生物技术的研发过程中实现共赢,推动整个生物产业的快速发展。

3.实施严格的数据管理与安全机制

研发过程中产生的敏感数据需要得到妥善保护,以确保知识产权的有效维护与利用。数据管理机制不仅需要对数据进行分类与存储,还需要对数据的访问与使用进行严格控制。通过采用先进的加密技术和安全协议,平台能够有效抵御潜在的数据泄露风险,确保研发成果的安全性。同时,合理的数据管理策略能提升数据的利用效率,为生物技术的创新应用提供可靠的数据支持。

4.整合多学科的专家团队

通过提供跨领域的技术支持与咨询服务,生物技术研发平台能够更好地应对复杂的技术挑战。多学科专家的参与不仅给研发团队带来了丰富的知识储备,还为技术问题的解决提供了多样化的思路与方法。这种跨领域的合作模式能够有效提升生物技术研发的整体效率,加速成果的转化与应用。通过整合各领域的优势资源,生物技术研发平台能够在数字经济的推动下,实现更高水平的创新发展。

(二) 生物技术研发成果转化

通过有效的成果转化,生物技术能够给医疗、农业、环保等多个领域带来深刻地变化,进而提升人类生活质量,推动社会的可持续发展。因此,生物技术研发成果转化不仅是技术创新的终点,更是经济增长的新起点。

构建生物技术研发成果转化的有效机制是确保其商业化路径清晰的关键。

首先,需要进行全面的技术评估,以确定研发成果的技术成熟度和市场潜力。市场分析则帮助识别目标市场和潜在客户,从而制定合适的市场进入策略。知识产权管理通过专利申请和管理,保护创新成果的合法权益,防止技术被侵权或滥用。这些步骤共同构成一个完整的转化机制,确保生物技术研发成果能够顺利进入市场,实现其经济价值。

其次,促进产学研合作是加速生物技术研发成果转化的有效途径。高校作为创新的重要源泉,拥有丰富的人才和科研资源,而企业则具备市场经验和资金支持。通过产学研合作,高校和企业可以形成优势互补的关系,共同进行技术研发和创新。技术转让作为合作的一部分,能够实现科研成果的快速应用,缩短从实验室到市场的时间。同时,政府可以通过政策支持和资金资助,鼓励这种合作模式的广泛应用,进而推动整个生物产业的快速发展。

此外,利用数字化平台和工具提升生物技术研发成果转化的效率,是数字经济时代的一大趋势。通过数据分析,企业可以更好地理解市场需求,优化产品开发策略。市场反馈则为产品的进一步改进提供了重要依据。数字化工具如在线协作平台、数据管理软件等,能够提高研发团队的工作效率,促进信息的及时共享和沟通。这不仅加快了研发成果的转化速度,也提高了产品在市场上的竞争力,为企业获取更大的经济收益提供了保障。

四、数字经济下的生物产业监管

(一)生物产业监管框架

随着生物技术的迅猛发展,传统的监管模式已难以适应新兴生物产业的复杂性和快速变化的特性。因此,建立健全的生物产业监管机构成为首要任务,以明确各级监管部门的职责与权限,形成有效的监管体系。这不仅能提高监管效率,还能避免因职责不清导致的监管真空或重复监管现象。通过科学化、制度化的监管框架,能够更好地促进生物产业的健康发展,确保其在数字经济时代的稳健运行。

在数字经济的推动下,生物产业的创新速度加快,带来了诸多新的法律和伦理挑战。为了维护市场秩序,必须制定并完善相关法律法规,涵盖从研发到生产、销售的各个环节。这些法律法规不仅要保护消费者的权益,还要鼓励企业创新,确保生物技术应用的安全性和有效性。通过法律法规的约束和引导,生物产业才能在创新与规范之间找到平衡,推动产业的可持续发展。

在数字经济的影响下,生物产品的研发和生产日益依赖先进的技术和数据分析,这使质量控制变得更加复杂。因此,建立严格的质量标准和检测机制显得尤为重要。这不仅能够确保产品的安全和有效性,还能增强消费者的信任,提升企业的市场竞争力。通过不断完善的质量标准和检测机制,生物产业可以有效应对市场挑战,推动产品的国际化和标准化进程。

(二) 生物产业数据安全管理

1.建立健全的数据安全管理制度

通过明确数据采集、存储、传输和使用的安全规范,可以有效降低数据泄露的风险,确保数据的安全性与合规性。这不仅需要技术层面的措施,还需要在政策和管理层面进行全面的规划和实施,形成一个全方位、多层次的数据安全防护体系。

2.使用数据加密技术

在数据传输和存储过程中,数据加密技术能够有效防止数据泄露和未授权访问。通过使用先进的加密算法,确保数据在传输过程中不被截获和篡改,从而保护数据的完整性和机密性。此外,数据加密技术的应用还需要与其他安全措施相结合,如身份认证和访问控制,以构建一个更加严密的数据安全保护网络,确保生物产业在数字经济中的稳健发展。

3.定期进行数据安全风险评估

通过系统的风险评估,可以识别潜在的安全隐患,并制定相应的防范措施。这一过程不仅需要技术人员的参与,还需要管理层的支持,以确保安全策略的有效实施。通过风险评估,企业能够及时发现和修复安全漏洞,提升整体数据安全管理水平。这种动态的风险管理策略,有助于在快速变化的数字经济环境中,保持生物产业的数据安全。

4.建立数据访问控制机制

通过严格的访问控制,确保只有经过授权的人员才能访问敏感数据。这不仅保护了数据的机密性,还防止了数据的滥用和不当使用。访问控制机制的建立需要结合身份认证、权限管理和日志审计等多种技术手段,实现对数据访问的精细化管理。通过这样的措施,生物产业能够在数字经济的浪潮中,确保数据安全,进而推动产业的可持续发展。

第三节 数字经济与新材料产业培育

一、数字经济下的新材料产业研发

(一)研发平台建设

首先,新材料研发平台的技术架构设计需要具备高效的数据处理能力和灵活的应用接口,以支持不同新材料的研发需求。这样的架构不仅要满足当前材料科学研究的复杂性,还要具备扩展性,以应对未来技术发展的不确定性。通过先进的数据管理系统,平台能够整合来自多种来源的实验数据,进行深入分析。这种数据驱动的研发方式,不仅提升了研发效率,也为研究人员提供了更为精准的决策支持。

其次,建立跨学科的研究团队是新材料研发成功的关键。整合材料科学、工程技术与信息技术等领域的专家,能够形成强大的协同效应,推动新材料的创新与应用。不同学科的交叉融合,能够带来创新的思维方式和解决方案,突破传统材料研发的瓶颈。例如,信息技术的引入可以帮助材料科学家更好地模拟材料的微观结构和性能,从而缩短研发周期。此外,跨学科团队的组建,也有助于培养复合型人才,推动新材料产业的可持续发展。

此外,实施开放式创新机制是加速新材料研发的重要策略。通过鼓励企业、高校和研究机构之间的合作,可以有效促进资源共享与技术交流。开放式创新不仅打破了传统的组织边界,还给新材料研发带来了多元化的视角和创新的动力。企业可以利用高校和研究机构的基础研究成果,而高校和研究机构则可以通过企业的市场反馈来调整研究方向。这种双向互动的模式,不仅提高了研发效率,也加速了新材料的产业化进程。

（二）研发流程优化

1.建立标准化的研发流程

建立标准化的研发流程能够确保各阶段的任务和目标明确,从而减少不确定性和重复工作。标准化流程不仅能提高工作效率,还能为研发人员提供清晰的方向和目标,使项目在时间和资源的分配上更加合理和高效。通过这种方式,研发团队可以更好地协调各方资源,减少浪费,提升整体产出和创新能力。

2.引入项目管理工具

项目管理工具能够实时跟踪研发进度和资源使用情况,帮助管理者及时调整计划以应对内外部环境的变化。通过数字化技术的支持,研发团队可以更加灵活地应对市场需求的变化和技术发展的新趋势。项目管理工具不仅提升了研发的透明度,还为决策者提供了数据支撑,帮助他们在关键节点上做出更为明智的决策,从而提高项目的成功率和市场竞争力。

3.实施跨部门协作机制

数字经济环境下,信息共享和沟通的重要性愈发突出。通过建立跨部门的协作机制,不同专业团队之间可以实现无缝的信息交流和资源共享。这种机制不仅能够打破信息孤岛,还能促进各部门之间的创新思维碰撞,提升整体研发能力。跨部门协作机制的实施,使企业能够更快地响应市场变化,开发出更具竞争力的新材料产品。

4.运用数据分析技术

通过对实验结果的实时监控,研发团队可以及时发现问题并进行调整,优化实验设计和资源配置。数据分析技术的应用不仅提高了研发的科学性和精准性,还极大缩短了研发周期。通过对大量数据的分析和处理,研发团队能够更好地理解材料性能和市场需求,从而开发出符合市场期望的新材料产品。这种基于数据驱动的研发模式,为新材料产业的创新发展提供了强有力的技术支持。

（三）研发合作机制

建立跨行业合作网络不仅能够促进企业、高校和研究机构之间的资源共享与技术交流,还能大幅度推动新材料的创新与应用。这样的合作网络有助于打破传统行业界限,使不同领域的专业知识和技术能够进行深度融合,从而催生出更多具有市场竞争力的新材料产品。这种协同效应不仅提高了研发效率,还加速了新材料技术从实验室走向市场的进程。

在研发合作机制中,引入开放式创新模式是提升新材料技术水平和市场适应性的有效途径。开放式创新强调多方参与,鼓励企业、学术机构、政府和其他利益相关者共同参与研发过程。在这种模式下,各方可以充分发挥各自的优势,形成合力,攻克技术难题,并快速响应市场需求的变化。开放式创新不仅可以有效降低研发成本,还可以缩短新材料产品的开发周期,使其更快地适应市场变化,满足消费者的多样化需求。

实施定期的技术研讨会和交流活动,是促进新材料研发中经验分享与合作机会的重要手段。这些活动提供了一个平台,让各方可以展示最新的研究成果,分享成功经验和失败教训,并探讨未来的合作方向。通过频繁的互动和交流,各方能够及时获取行业最新动态,调整研发策略,从而在新材料研发的激烈竞争中保持领先地位。此外,这些活动还可以激发创新思维,促成新的合作关系,为新材料产业的持续发展注入活力。

利用数字化平台建立合作项目管理系统,是提高研发合作透明度和效率的关键。这样的系统可以实时跟踪各个研发项目的进展,确保各方目标一致和进度可控。数字化平台不仅可以提供一个清晰的项目管理框架,还可以通过数据分析和智能化工具,帮助各方识别潜在的风险和机会,做出更明智的决策。通过这种方式,研发合作机制可以在更高效的环境中进行,推动新材料产业在数字经济时代实现更大的突破和发展。

二、数字经济下的新材料产业生产

(一)新材料生产流程优化

新材料生产流程的标准化设计,通过明确各个环节的操作规范,能够有效提高生产效率和产品的一致性。标准化使生产过程中的每一个步骤都可以被精确控制和重复,从而减少因人为因素导致的质量波动。这种标准化设计不仅提升了生产效率,还为企业节约了时间和资源,使生产过程更加顺畅和高效。

在新材料生产中,引入智能化设备和自动化技术是优化生产流程的重要举措。智能化设备能够自动完成复杂的生产任务,减少了对人工干预的依赖,从而降低了生产成本。自动化技术的应用使生产线能够在无人值守的情况下持续运转,提高了生产的连续性和稳定性。此外,智能化设备还可以通过数据采集和分析,优化生产参数设置,进一步提升生产效率和产品质量。

运用数据分析技术实时监控生产过程,是确保产品质量达到预期标准的关键。通过对生产数据的实时分析,企业可以及时发现生产过程中出现的问题,并迅速调整生产参数。这样的实时监控不仅提高了产品的合格率,还减少了因产品不合格而造成的资源浪费。此外,数据分析技术还能帮助企业优化生产流程,发现潜在的效率提升空间,进一步推动生产的智能化和精细化。

建立灵活的生产调度系统,是提高资源利用率的重要手段。随着市场需求的不断变化,企业需要根据实际情况调整生产计划,避免资源的浪费和库存的积压。灵活的生产调度系统能够根据市场需求的变化,迅速调整生产计划,优化资源配置。这种灵活性不仅提高了企业的市场响应速度,还增强了企业在市场竞争中的适应能力。

(二) 新材料生产技术创新

在数字经济的推动下,新材料产业的生产技术不断创新,成为产业升级的重要引擎。新材料生产技术的智能化改造是这一创新过程的核心,通过引入物联网和人工智能技术,生产过程的自动化水平得到了显著提升。这种智能化改造不仅能确保生产的高效性和灵活性,还能够快速响应市场需求的变化,优化生产资源的配置,提高整体生产效率。物联网技术使生产设备之间的实时通信成为可能,从而实现了生产过程的全面监控和智能决策。人工智能则通过深度学习算法对生产数据进行分析,提供优化建议,进一步提升生产系统的智能化水平。

增材制造技术的应用,尤其是 3D 打印技术的广泛使用,给新材料产业带来了深刻变化。3D 打印技术能够精确地构建复杂结构的材料,大幅降低了材料浪费,提升了产品的性能。这种技术的优势在于能够在设计阶段就进行精细化的调整,从而实现个性化的生产。通过增材制造技术,企业不仅能够快速响应客户对定制化产品的需求,还能在短时间内完成从设计到生产的整个流程。增材制造技术的普及,也推动了新材料产业的创新,促使企业不断探索新的材料组合和工艺流程,以实现更高效的生产。

绿色化生产技术的推广是新材料产业可持续发展的重要路径。采用可再生资源和环保材料,企业能够有效减少生产过程中对环境的影响,践行绿色发展理念。在数字经济的背景下,绿色化生产技术得到了广泛的应用,企业通过优化生产流程,减少资源的消耗和废弃物的产生。这不仅符合当前全球对环保的高标准要求,也为企业在国际市场上的竞争力提供了保障。绿色化生产技术的应用,不仅给企业带来了经济效益,也为社会创造了环境效益,实现了经济与生态的双赢。

纳米技术在新材料生产中的应用,极大地提升了材料的性能和功能。通过纳米技术的引入,新材料在强度、耐热性和抗腐蚀性等方面的性能得到了显著增强,拓展了材料的应用领域。纳米技术的优势在于其能够在微观层面上对材料进行改性,从而赋予材料新的特性。

三、数字经济下的新材料产业合作与交流

(一) 跨国合作机制

建立跨国研发合作网络,通过共享资源和技术,显著提升了新材料的创新能力和市场竞争力。这种合作网络不仅促进了各国之间的技术交流,还推动了新材料领域的技术进步。通过联合研发和技术共享,各国能够更快速地应对市场需求的变化,并在全球市场中占据优势地位。这种合作模式也为各国提供了一个平台,以共同应对新材料研发中的挑战和机遇。

推动国际标准的制定与应用是跨国合作机制的重要方面。通过制定统一的国际标准,各国可以在新材料领域实现技术交流与合作的无缝对接,从而提升全球市场的准入效率。国际标准的制定不仅有助于消除技术壁垒,还有助于促进新材料产品的全球化应用和推广。这种标准化的努力为全球市场的顺畅运行奠定了基础,使新材料产业能够在国际市场上更为顺畅地拓展和发展。

实施多层次的合作模式,包括产学研结合、企业间合作与政府间合作,可以形成协同创新的生态系统。这种多层次的合作模式能够有效整合各方资源,促进创新要素的流动与共享。产学研结合的模式使学术研究与产业应用紧密结合,企业间的合作则有助于资源的优化配置与市场的共同开发,而政府间的合作则为产业的发展提供了政策支持与保障。这种协同创新的生态系统为新材料产业的可持续发展提供了强有力的支持。

利用数字平台实现跨国合作项目的管理与沟通,是提升项目执行透明度和效率的有效手段。数字平台的应用使各方在项目执行过程中能够实时共享信息、协调资源,从而确保项目目标的一致性和执行的高效性。通过数字平台,各国合作

方可以更加便捷地进行沟通与协作,减少了信息不对称带来的障碍,提升了项目管理的效率和透明度。

(二) 行业联盟与协作

行业联盟的构建不仅促进了资源共享,还有效整合了各方优势,显著提高了新材料产业的创新能力和市场竞争力。在全球化背景下,行业联盟通过集聚不同企业的资源和能力,形成了强大的合力,这种合力不仅推动了技术的突破,也提升了整个行业的竞争力。行业联盟的存在,使新材料产业能够在快速变化的市场环境中保持灵活性和适应性,确保其在国际市场中的领先地位。

通过行业联盟,成员企业可以共同开展技术研发,降低研发成本,加快新材料的开发进程。这种协作模式不仅减轻了企业的财政压力,还提高了研发的效率和成果的转化速度。企业间的合作研发能够充分利用各自的技术专长和创新能力,从而在新材料的研发过程中实现更高效的资源配置和更优质的成果输出。此外,行业联盟的合作研发还促进了知识的交流与共享,为企业提供了更广阔的创新空间和更多的发展机遇。

行业联盟为企业提供了一个信息交流的平台,促进市场需求信息的共享,帮助成员企业更好地把握市场动态。在快速变化的市场环境中,及时获取和分析市场信息是企业保持竞争力的关键。行业联盟通过定期的会议、研讨会和信息发布,帮助企业及时了解市场需求变化、新技术发展趋势及竞争对手的动态。这种信息共享机制不仅有助于企业制定更为精准的市场策略,还有助于增强其在市场中的反应速度和决策能力。

行业联盟通过制定行业标准,推动新材料的应用普及,提高产品质量和市场认可度,增强行业整体发展潜力。标准化是提高产品质量和促进市场认可的关键措施。行业联盟在制定标准的过程中,整合了各方的技术和经验,确保标准的科学性和可操作性。通过行业标准的推广,新材料产品的质量得到了有效保障,市场接受度和用户满意度显著提升。这不仅推动了新材料在各个领域的广泛应用,也为行业的可持续发展奠定了坚实的基础。

参考文献

[1]董千诺.碳中和与数字新经济[M].北京:中国纺织出版社有限公司,2024.

[2]李琳.数字经济概论[M].湘潭:湘潭大学出版社,2024.

[3]周民,王晓冬.走进数字经济[M].北京:国家行政学院出版社,2023.

[4]江映霞.数字金融与产业转型发展[M].北京:中华工商联合出版社,2023.

[5]毕太富.数字经济与传统产业融合发展研究[M].沈阳:沈阳出版社,2023.

[6]祝坤艳,王莹,王震宇.数字化农业经济管理研究[M].长春:吉林人民出版社,2023.

[7]井然哲.数字经济学[M].北京:机械工业出版社,2024.

[8]赵亚茹.数字经济建设与发展研究[M].北京:中华工商联合出版社,2023.

[9]周静.数字经济与制造业服务化转型[M].上海:上海人民出版社,2024.

[10]俞发仁,罗德兴.数字经济概论[M].北京:北京理工大学出版社,2023.

[11]莫可.数字经济时代传统企业的进化之路[M].北京:中华工商联合出版社,2024.

[12]夏秋.制造业服务化与产业结构升级[M].北京:企业管理出版社,2022.

[13]吕红波,周晓燕.数字经济导论[M].北京:首都经济贸易大学出版社,2024.

[14]王腊芳.质量创新与产业结构升级研究[M].长沙:湖南大学出版社,2023.